日常を旅する

中央線三鷹〜立川エリアを楽しむガイドブック

もくじ

| 四季をめぐる | P4 |

浴恩館公園／貫井神社／竹内果樹園／司メープル

コラム①
東京のまん中で、農業を営む人たち。

谷保の田んぼ／「くにたち はたけんぼ」の取り組み／
東京学芸大学／姿見の池／
小金井神社／国立天文台 三鷹／滄浪泉園

コラム②
こくぶんじがいせん
国分寺崖線から湧き出る水。

| 街にでかける | P24 |

| ①"地元感"が伝わる店 | P26 |

TRATTORIA Carrera／
あたらしい日常料理ふじわら／
ムサシノ野菜食堂miluna-na／はこ庭／波浮港／
めぐるみLabo&Cafe／くにたち村酒場／
くにたち野菜 しゅんかしゅんか／黄金や／
清水農園直売所／松本製茶工場／

ノイ・フランク本店 ビアレストラン／
マイスタームラカミ／ケーニッヒ本店／
デリカテッセン ゼーホフ工房 立川店／シンボパン／
こめひろ／こどもパン／ラ ブランジュリ キィニョン本店／
ラトリエ・ドゥ・カンデル・トウキョウ／
パサージュ ア ニヴォ／ファンタジスタ／
窯焼きパン工房ゼルコバ

| ②世代を問わず楽しめる店 | P38 |

ニシクボ食堂／やまもりカフェ／シャトー2Fカフェ／
カフェスロー／Cafe Sacai／circus／
史跡の駅 おたカフェ／pirkacafe／note cafe／
Cafe Hi famiglia／クルミドコーヒー／Oeuf／
デイリーズカフェ西国分寺店／きょうշ食堂／
Maru cafe／CAFE JI:TA／ハンバーグレストラン 葦／
カフェ マザーズキッチン／パラダイスキッチン・ワイ／
たいやきや ゆい／珈琲屋台 出茶屋／
欧風食堂 ラベルジュリー／ラヂオキッチン／
カフェ いずん堂／カレー・シチュー屋 シーサー／
リトルスターレストラン／サクラキッチン／
ロージナ茶房／喫茶室たきざわ／old cafe ときの木／
手打そば きょうや／うどん&café ライトハウス／潮／
UDON STAND GOZ／田舎うどん かもkyu／大むら／

| 世界の味めぐり | P60 |

お酒とごはん くうふく／中華料理 オトメ／
韓国家庭料理 たんぽぽ／
バンコク屋台料理 カオマンガイ立川店／
インド富士／ロシアの家庭料理 スメターナ／
GRAS／イタリア料理の店 シレーナ

| あさちず | P64 |

| ③くつろぎの時を提供する店 | P66 |

お菓子工房 くろねこ軒／
tiny little hideout SPOONFUL／
洋菓子舗 茂右衛門／こいけ菓子店／
パンとお菓子mimosa／TEOREMA CAFE／
焼き菓子や ひとひとて／マ・プリエール／多根果實店
／フォレスト・マム／ミルクトップ 富士見台本店／
La Boutique TERAKOYA／
洋菓子の店 フォンテーヌ／petit à petit／モリスケ／
御菓子調進所 一真菴本店／
和菓子処ならは 農工大通り店／御菓子司 三陽／
だんごの輪島本店／立川伊勢屋本店／松なみ／
まほろば珈琲店／ねじまき雲[陽]／Life Size Cribe／

イノウエコーヒーエンジニアリング／
国立コーヒーロースター／珈琲や 東小金井工房／
横森珈琲／珈琲焙煎店 ろばや／葉々屋／
Une Perle／つぶらや／なべや清水商店／
旬彩ShoppoRi／ハモニカ横丁ミタカ／鳥芳／
SAPO／ニチニチ／ほんやら洞　国分寺店

④暮らしの道具がそろう店　　　　　　　P84

黄色い鳥器店／デイリーズ／こいずみ道具店／
ki-to-te直売所／musubiくらしのどうぐの店／
SERVE小金井公園本店／たとぱに／
H.works／ゆりの木／世界のかご カゴアミドリ／
GARAGE／古道具 レットエムイン／
アンティークス・エデュコ／小古道具店 四歩／
デイリーズカフェヒガコ／ヤマコヤ／coupé／
safuji／dogdeco HOME 犬と暮らす家

ひるちず　　　　　　　　　　　　　　　P96

⑤つい長居してしまう場所　　　　　　　P98

立川まんがぱーく／古本 水中書店／
PAPER WALL nonowa国立店／古書 まどそら堂／

増田書店／ORION PAPYRUS／
ふるほん はてな倶楽部／国立本店／
絵本とおはなしの店 おばあさんの知恵袋／
BOOKS ORION nonowa西国分寺店／古本泡山／
中村文具店／西国図書室／武蔵野プレイス／
ONLY FREE PAPER ヒガコプレイス店／
三鷹市星と森と絵本の家／山田文具店／山水堂／
つくし文具店／シロ．／吉田スーツ／国立クリーツ／
HANAGRA／オリーブ・ガーデン／ひかりフラワー／
Flowers & Plants PETAL.／前掛屋エニシング／
きくわん舎／バルーンショップ コズミック／Bremen

⑥五感が刺激される場所　　　　　　　　P112

circle gallery & books／room103／
Lamapacos／ギャラリー ウノヴィック／
小金井アートスポット シャトー2Fギャラリー／
丘の上APT｜兒嶋画廊／STUDIO凛／
studioM（月イチヨガ）／Hair+Cafe 縁／
Hair works ぱいんゆ／フォトスタジオ ソラ／
音の葉 Home Concert／和のいえ櫻井

江戸東京たてもの園　　　　　　　　　　P122

公園　　　　　　　　　　　　　　　　　P124

都立小金井公園／都立武蔵野公園／
都立武蔵野の森公園／都立玉川上水緑道／
都立野川公園／都立武蔵野中央公園／
都立武蔵国分寺公園／国営昭和記念公園

よるちず　　　　　　　　　　　　　　　P126

駅からはじまる散策マップ　　　　　　　P128

高架下からひろがる　　　　　　　　　　P138

さくいん　　　　　　　　　　　　　　　P140

あとがき　　　　　　　　　　　　　　　P144

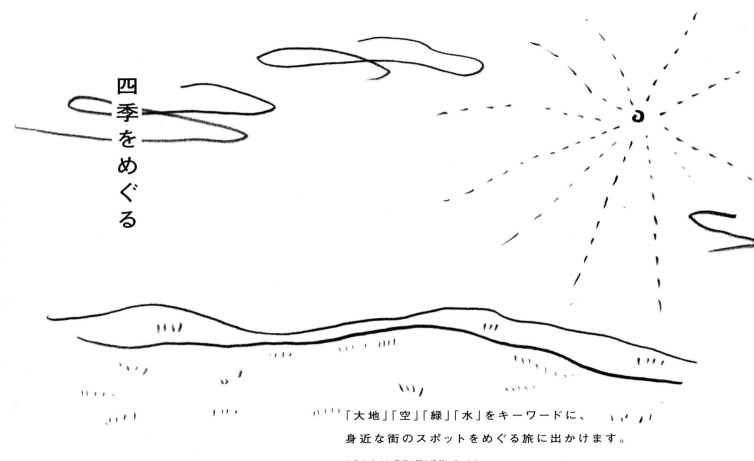

四季をめぐる

「大地」「空」「緑」「水」をキーワードに、
身近な街のスポットをめぐる旅に出かけます。

※各スポットに最寄り駅を掲載しています

春　夏

浴恩館公園（小金井市）
貴井神社（小金井市）
竹内果樹園（武蔵野市）
司メープル（国分寺市）

野川沿いのシダレザクラ

浴恩館公園

時代の足跡が残る、緑深き場所。

心地いい風を受けながら玉川上水沿いを散歩していると、1本の道標が目にとまった。「浴恩館公園」と書いてある。指し示す方角へ進むと、坂を下ったあたりに、こんもりと新緑に覆われた一角があった。アカマツ、モミジ、ナラ、ツツジといった樹々が連なる一帯に陽が降り注ぎ、木漏れ日が射している。雲が流れるたびに、刻々と表情を変える林の向こうに、歴史を感じさせる建物が見えた。昭和6年、青年団の講習所として開設された浴恩館だ。講習所の所長を務めたのは小説『次郎物語』の著者で知られる下村湖人。熱心な教育者でもあった湖人は、ここで講習生と生活をともにし、畑の草取りや掃除をしながら自由創造の精神を説いたという。現在、一般開放されている館内には当時の様子をとらえた写真が飾られ、自由な雰囲気のなかで宿泊研修が行われていたことを今に伝える。

　軍国主義が高まりつつあった時代に、友愛と創造を基調とした共同生活がこの地で営まれていた史実を初めて知った。建物を出て目にした風景は、先ほどとは少し異なって見えてくるのだった。

浴恩館公園（小金井市）　東小金井

1928年（昭和3年）、京都御所で行われた昭和天皇即位式に使われた建物の一部を財団法人日本青年館が譲り受け移築した。現在は、市の文化財センターとして一般開放されている
住所＝小金井市緑町3-2-37

貫井神社

本殿の周りを囲むように
岩間から湧き出た水が池へ注がれ、
涼やかな水の音が響き渡る。

貫井神社（小金井市） 武蔵小金井

天正18年(1590年)、武蔵野開拓の里人が湧水の
出る貫井の地に水神様を招き、弁財天と称えたのが
はじまり。明治8年(1875年)、弁財天を厳島神社
(祭神:市杵島姫命)と改称し、さらに貫井神社(祭神:
大己貴命)と合祀し、以降、貫井神社と改称された。
住所＝小金井市貫井南町3-8-6

竹内果樹園

住宅地のただ中にある果樹園は
貴重な緑地空間。
近隣住民は毎年生育を気にかけ、
収穫の日を心待ちにしている。

竹内果樹園（武蔵野市） 武蔵境

ブドウ、ナシ、カキ、キウイ、プルーンなどを栽培し、
園内の直売所のみで販売（開園日は張り紙で告知）。
雨天時は休園。地方発送可
住所＝武蔵野市境南町2-6-5
電話＝0422-31-9570

司メープル

国分寺ブランドを世界に発信する。

「植木のまち」として知られる国分寺市に、モミジとカエデに特化した植木生産者がいる。「司メープル」主人、田中豊さんだ。この圃場で、これまでにない樹形のモミジが誕生して話題になっている。その名は「司シルエット」。枝が細く、円錐形の美しい立ち姿が特徴だ。枝が上向きに出る司シルエットは横に広がらないため、狭い場所でも栽培が可能なうえ、手入れに手間がかからないという。

モミジというと秋をイメージしがちだが、「じつは葉の色が鮮やかで美しいのは春なんです」と田中さん。濃淡のある黄緑が美しい春。紅葉の秋。枝ぶりを楽しむ冬。時の流れとともに表情を変え、四季を通じて楽しめるのが魅力だという。日本古来の樹木であるモミジは海外で人気が高く、「JAPANESE MAPLE」の名で親しまれている。アメリカでは各州に専門のナーサリーがあるほどだ。海外の視察団から"BEST PLANT!"と絶賛された司シルエットは東京都が推奨する街路樹にも選ばれ、国内外から注目を集めている。「現在、市内の生産者と協力して、出荷体制を整えているところです」。国分寺生まれのモミジが街を彩る日も、そう遠くはなさそうだ。

司メープル（国分寺市） 国立

約600種類のモミジやカエデを生産・販売している。家庭のベランダで手軽に楽しめるポット苗木もある
住所＝国分寺市北町3丁目18-4
電話＝042-324-0458
http://www.t-maple.com

COLUMN ① 　　**東京のまん中で、農業を営む人たち。**

　野菜直売所があちこちで見られるのは、このエリアならではの風景。なかでも玉川上水と小金井公園の間にある「小金井 江戸の農家みち」と名づけられた通りには、現在11カ所の直売所が点在しています。収穫されたばかりの野菜や果物はどれもエネルギッシュでおいしそう。波浮港（30p）の女将、三辻美子さんは「とれたての野菜は、素材そのものの持ち味を楽しむのが一番。手の込んだ調理をしなくても充分おいしいのよ」といいます。

　小金井市では、江戸時代に改良され定着した東京の伝統野菜を「江戸東京野菜」と名付け、栽培を推奨しています。市内で生産された江戸東京野菜は、直売所やJA東京むさしファーマーズ・マーケット、黄金や（32p）などで購入することができます。市内には、江戸東京野菜を使った料理を提供する飲食店もあり、新たな小金井名物として定着しつつあります。

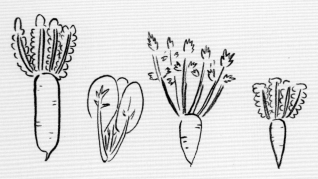

小金井 江戸の農家みち
https://www.facebook.com/koganei.edononoukamichi

秋　冬

谷保の田んぼ（国立市）
「くにたち はたけんぼ」の取り組み（国立市）
東京学芸大学（小金井市）
姿見の池（国分寺市）
小金井神社（小金井市）
国立天文台 三鷹（三鷹市）
滄浪泉園（そうろうせんえん）（小金井市）

小金井本町住宅

谷保の田んぼ

いまも残る貴重な里山の風景。

谷保天満宮の裏手、湧水が流れる川沿いを南へ歩いていくと、赤い天神橋の向こうに、黄金色に染まった一帯が現れた。青空の下、重たそうに頭を垂れた稲穂が風に揺れている。東京とは思えないのどかな田園風景に、目が釘づけになった。崖線下から湧き出る水は、多摩川の水を利用した府中用水と合流し、田畑や民家の間を縫うように流れている。せせらぎの音が耳に心地いい。トンボが飛び交い、どこからかカエルの鳴き声がする。清らかな水が流れる水路には、ヤゴやドジョウの姿があった。

　国立市南部に位置する谷保地域は昔から農業が盛んで、現在も30数軒の農家が米づくりを行っている。この地で収穫された米を、谷保天満宮宮司、津戸　最氏が「天神米」と命名。数年前から、谷保地域の特産として市内各所で販売されるようになった。「谷保天満宮でお祓いを受けた種もみを蒔いて、大事に育てています」と農家の鈴木政久さん。日本の食文化や伝統の礎である米が身近につくられている幸せを感じるとともに、この貴重な農ある風景を守りたいと心から思うのだった。

谷保特産「天神米」（国立市） 谷保

谷保天満宮周辺の農家が手塩にかけて育てた「天神米」はキヌヒカリが主流。時期になると、JA富士見台支店駐車場や北市民プラザ駐車場などの直売所、天下市などで購入が可能

「くにたちはたけんぼ」の取り組み

巨大な竹の遊具とこいのぼりで、こどもの日をお祝い(2015年5月)

ちいさな子どもたちも稲刈りに挑戦

農を営む人々によって守り継がれてきた里山風景がいまも残る国立市谷保地域。その一角に、「くにたちはたけんぼ」はあります。くにたち はたけんぼは、「くにたち市民協働型農園の会」が運営する新しい形の農園。ここでできることは農作業だけではありません。遊び、学び、交流、ビジネスの場として、都市ならではの新しい関わり方ができます。

1. 季節のイベントに参加する（申込み不要）
2. 稲の生長を見届ける（会員登録制）
3. 畑を借りる（登録制）

「森のようちえん 谷保のそらっこ」では大空の下、絵本の読み聞かせを行っている

農園にはリトルホースのジャックとダンディや羊のアマエルが暮らしている

4 「おうまさんクラブ」や「放課後クラブ」に参加する（登録制）

5 「おうまさんとなかよしデイ」に行く（申込み不要）

6 「森のようちえん 谷保のそらっこ」に参加する（申込み制）

「畑が、いろんな発見や出会いの場になるように」との思いから、くにたちはたけんぼは多様なプロジェクトと連携しています。ホームページや Facebook で告知しているので、ぜひごらんください。

＊くにたちはたけんぼは、公園ではありません。常時入れるわけではないのでご注意ください

くにたちはたけんぼ　谷保　http://hatakenbo.org
問合せ＝090-6187-7994（すがい まゆみ）

協力／くにたち市民協働型農園の会（写真：小林未央）

四季をめぐる - 「くにたち はたけんぼ」の取り組み　017

東京学芸大学

約30万㎡の敷地に生息する
植物は4000本あまり。
季節がめぐるたびに表情を変え、
道ゆく人の目を楽しませてくれる。

東京学芸大学 武蔵小金井
(小金井市)

東京の師範学校4校を統合して昭和24年
(1949年)に創立。学芸の森を教材にした公開
講座を開くなど、学生や一般市民に向けて学び
の場を提供している
住所=小金井市貫井北町4-1-1
http://www.u-gakugei.ac.jp

姿見の池

時間を気にせず、足の向くまま
気の向くまま歩いてみる。
道を変えることで、
新たな風景を切り取るおもしろさ。

姿見の池(国分寺市) 西国分寺

鎌倉時代、恋ケ窪が宿場町だった頃、遊女たちが
朝な夕なに自らの姿を池に映して見ていたことから
その名がついたとされる
住所＝国分寺市西恋ケ窪1-8

小金井神社

鎮守の杜に残る石臼塚。
小金の地で営まれてきた暮らしに
思いを馳せる。

小金井神社（小金井市） 武蔵小金井

創建時は「天満宮」と称されていたが、明治維新に際し「天満天神」と改称。明治3年、地名にちなみ「小金井神社」と名を改めた
住所＝小金井市中町4-7-2
http://www.koganeijinja.com

国立天文台 三鷹

現在地に完全移転したのは大正13年。当時、周辺には水田や畑が広がり、天文観測に適した環境だったという。

国立天文台 三鷹（三鷹市） 武蔵境 調布

約60年にわたり、太陽黒点のスケッチ観測が行われた「第一赤道儀室」をはじめ歴史的・文化的価値のある望遠鏡が残る
住所＝三鷹市大沢2-21-1
公開時間＝10:00～17:00（入場は16:30まで）
年末年始は休み。事前申込制の文化財ツアーや月2回開催の定例観望会もあり
http://www.nao.ac.jp

滄浪泉園

庭の樹木や空が映し出された池は、
まるで鏡のよう。
いつしか心は静まり、
おだやかになっていく。

滄浪泉園（小金井市） 武蔵小金井

武蔵野の貴重な自然が残る水と緑の庭園。明治・
大正期に三井銀行などの役員、外交官、衆議院議
員などを歴任した波多野承五郎氏により、庭園を
持つ別荘として建てられた。波多野氏の友人、犬養
毅元首相が「滄浪泉園」と命名。
住所＝小金井市貫井南町3-2-28
開園時間＝9:00～17:00（入園は16:30まで）
休園日＝毎週火曜（祝日の場合は翌水曜）、
　　　　12月28日～1月4日
入園料＝大人100円ほか

COLUMN ②

国分寺崖線から湧き出る水。
（こくぶんじがいせん）

　国分寺崖線とは、はるか昔、多摩川の浸食作用により削られてできた崖地のことで、「はけ」とも呼ばれています。このエリアに坂が多いのは、国分寺崖線が横断しているから。崖線の上部にある台地には畑や樹林など緑地が多く、下部の低地には野川が流れ、地下水が湧き出る場所が多く見られます。

　ところで、国分寺駅の北側に、こんもりとした森があるのをご存知でしょうか。ここは、昭和17年（1942年）に創設された日立製作所 中央研究所。「よい立ち木は切らずに、よけて建てよ」という創業者の言葉に従い、できるだけ景観を残すように建設され、いまもなお武蔵野の森が大切に守られています。構内には水の湧く場所が複数箇所あり、湧水は10,000㎡の大池に貯められた後、水路を通って野川へ、さらに多摩川へと流れています。同研究所には、普段、関係者以外入ることはできませんが、春と秋の年2回行われる庭園公開時は一般の人も散策を楽しむことができます。

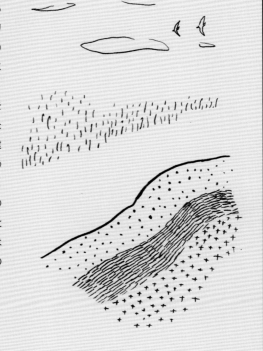

日立製作所 中央研究所
http://www.hitachi.co.jp/rd/crl/garden/teien.html

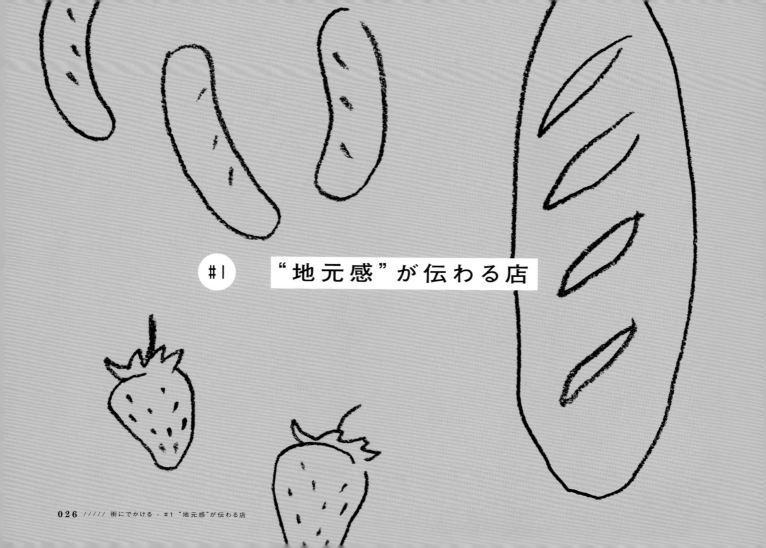

休む

食べる

買う

読む

集う

農家が点在するこのエリアには、
地場野菜を積極的に取り入れた料理店がたくさんあります。
農産物を販売するお店や直売所も多く、
とれたての野菜やくだものが手軽に味わえるのも魅力のひとつ。
本格的なハム・ソーセージを手づくりする工房や、
個性的なパン屋さんが多いのも特徴です。

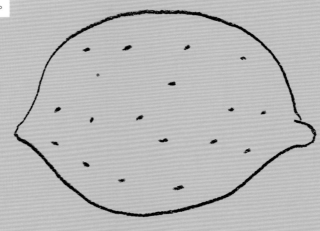

創業37年のTRATTORIA Carreraは、本格的な北イタリア地方の料理が楽しめるお店。国分寺産の野菜を積極的に取り入れた料理はどれも美しく、繊細な味だ。「近所の農家さんとの長い付き合いのなかで、イタリア料理に欠かせない野菜を栽培してもらうようになったんです」とシェフの小俣友貴香さん。大きなカゴ付きの自転車に乗って自ら畑に出向き、野菜を仕入れる小俣さんは、製菓出身だけあってドルチェも本格的。テイクアウトできるので、お土産も忘れずオーダーしたい。

TRATTORIA Carrera 国分寺
（トラットリア・カレラ）

住所＝国分寺市南町2-1-38
営業時間＝11:30～14:30(L.O.)、17:30～21:00(L.O.)
定休日＝月曜（月曜が祝日の場合は翌火曜が休み）
電話＝042-325-3348　＊不定休あり

メニューありきではなく、旬の小金井野菜を使った素材ありきの料理を提供するお店。「小金井の農家さんは研究熱心で、多品種栽培されている方が多いんです。それぞれ得意とする野菜があるのも魅力」と店主の藤原奈緒さん。見慣れた野菜も、藤原さんの手にかかると思いもよらない料理に生まれ変わり、こんな調理法もあったのかと気づかされる。「おいしい唐辛子」や「パクチーレモンオイル」などの自家製調味料は瓶詰めにして販売。いつもとは違う味を家庭で手軽に楽しめると好評だ。

近隣農家が育てた多種多様な野菜がたっぷり入ったごはんが人気。人参もかぼちゃも大胆にカットされているが、想像以上に柔らかくて食べやすい。「近くでとれた野菜のおいしさを、地元の人に知ってもらいたいですね」とオーナーシェフの廣田聡子さん。料理に添えられたオリジナルネギソースをかけるとさらに食欲増進。店先では地場野菜の販売も行っていて、通りすがりに野菜を買い求める人も多い。

あたらしい日常料理 ふじわら 東小金井

住所＝小金井市梶野町5-10-58コミュニティステーション東小金井atelier tempo内
営業時間＝11:30～14:30、18:00～21:30(L.O.)
定休日＝水曜　電話＝042-316-5813
http://nichijyoryori.com

ムサシノ野菜食堂 miluna-na （ミルナーナ） 武蔵境

住所＝武蔵野市境南町2-17-5
営業時間＝11:30～20:00(L.O.)
定休日＝水曜、第1木曜(定休日が祝日の場合は営業し、翌日休み)
電話＝0422-30-9195

地元の野菜を可能な限り取り入れた食事を提供するごはん屋さん。「野菜不足になりがちな人に、満足してもらえる料理をめざしています」と店主の木庭由紀恵さん。定食のおかずには旬の野菜がたっぷり使われ、品数が多く彩りも鮮やか。注文を受けてから小鍋でつくる味噌汁は椀から出汁の香りが立ち上り、食欲がそそられる。丁寧につくられる数々の料理に気分一新。「明日からがんばろう」と思えてくる。

伊豆大島の郷土料理と釜飯の店。小金井野菜をふんだんに取り入れた料理はバランスがよく、質・量ともに大満足。事前に予算と好みを伝え、おまかせで料理をお願いするのがおすすめだ。「お帰りなさい」と迎え入れ、店のことを「我が家」と呼ぶ女将、三辻美子さんと話していると、実家に帰ったような温かい気持ちになってくる。

はこ庭　恋ヶ窪
住所＝国分寺市東恋ヶ窪2-36-31
営業時間＝11:30〜19:00(L.O.)
＊木、金、土、日の週4日営業。
材料がなくなり次第閉店
http://hacohaco.exblog.jp

波浮港　武蔵小金井
住所＝小金井市本町1-11-10
営業時間＝11:30〜13:30(L.O.)、17:00〜23:00頃
定休日＝日曜
電話＝042-384-4208

030　/////　街にでかける - #1 "地元感"が伝わる店

国分寺の農家から仕入れた野菜や果実を使ってつくるピクルスとジャムの工房兼カフェ。自家用に購入した人が、後日贈りものにしたいと再訪する姿もある。「国分寺発の瓶詰めが各地へ広がる拠点にしたい」と店主の高浜敬子さん。キッチンでは旬の地場野菜を使ったカフェメニューも同時進行。店長の菅谷智美さんとの息もぴったりだ。

めぐるみ Labo&Cafe 〔国分寺〕

住所＝国分寺市本町2-19-1
営業時間＝10:00〜17:00
＊金、土は夜カフェの日で21:00まで。日曜はイベントカフェ
電話＝080-4423-7707

「くにたち村の収穫祭」がコンセプトのワインバル。地元の農家から仕入れる旬の野菜やノイ・フランク（33p）のソーセージなど、国立でつくられた食材を使った料理が存分に味わえる。旬の野菜を使ったタパスとバーニャカウダは自慢の一品で、店主がセレクトしたワインや自家製サングリアとの相性もいい。同じフロアにある「酒BOUTIQUE SEKIYA」でワインを選び、店に持ち込むこともできる（持ち込み料1,000円／本）。

くにたち村酒場 〔国立〕

住所＝国立市中1-9-30
国立せきやビルB1F
営業時間＝17:30〜22:15(L.O.)
定休日＝第1火曜
電話＝042-505-6736
http://www.emalico.com/sakaba

街にでかける - #1 "地元感"が伝わる店　031

国立市と国分寺市を中心とした近隣農家が育てた野菜を1日2回集荷し、つねに新鮮な野菜を提供。日野市・三河屋の豆腐や由木農園のうみたて卵など野菜以外のものもあり、日々の買い物に重宝する。

くにたち野菜
しゅんかしゅんか　国立

住所＝国立市中1-1-1
営業時間＝10:30〜19:30
定休日＝月曜
電話＝042-505-7315
http://www.emalico.com/shunka

対面式の直売所。「年間を通して旬の野菜を提供できるよう、多品目生産を心がけています」と清水雄一郎さん。目の前の畑でとれた野菜に加え、交流のあるつくり手が育てた農産物も販売。駐車場あり。

清水農園直売所　鷹の台

住所＝国分寺市北町5-8-2
営業時間＝10:00〜12:00、15:00〜17:30頃
＊雨の日は休み

小金井市内で収穫された野菜や弁当、惣菜、加工品、雑貨など市内でつくられたものがいっぱい(毎週金曜は江戸東京野菜の入荷日)。2階のキッチンでは小金井野菜を使った料理を提供。買い物の途中でひと休みする人の姿もある。

黄金や　東小金井

住所＝小金井市東町4-42-21
営業時間＝【ショップ】10:00〜20:00、【キッチン】11:30〜
定休日＝日曜　電話＝042-316-1833
http://www.kogane-ya.com

お茶の栽培から製造、販売まで一括して行っている。店舗の裏に工場があり、その先に約3000坪の茶畑が広がる。茶師(お茶をつくる人)でもある三代目、松本信一さんがつくる国分寺茶は甘味とコクがあると評判でファンは多い。

松本製茶工場　恋ヶ窪

住所＝国分寺市東戸倉1-6-3
営業時間＝9:30〜18:30
定休日＝日曜
電話＝042-321-1668
http://www.kokubunji-cha.com

手づくりソーセージやハム、スモーク類を使った料理と世界のビールやワインを提供。販売コーナーもあり。製造工房は国立北エリアにあり、こちらでも購入可能。

ノイ・フランク本店 ビアレストラン 国立

住所＝国立市東1-14-17
営業時間＝【ランチ】月〜土11:30〜14:30（日・祝11:00〜19:00）、【ディナー】月〜木17:00〜21:00、金・土17:00〜22:00
＊販売は10:00〜19:00
定休日＝火曜　　電話＝042-576-4186
http://www.neufrank.com

「スタッフ全員、おいしいものに目がないんですよ」とスタッフの石井さん。食への探究心から生まれた「小金井産ほうれん草入りチーズフランク」は、レバーヴルストとともに人気が高い。種類が豊富なので、詰め合わせて手土産にする人も多い。

ケーニッヒ本店 東小金井

住所＝小金井市緑町5-17-22
営業時間＝10:00〜19:30
電話＝042-381-4186

ハム・ソーセージ、精肉、惣菜と売り場があり、とくにオーナーの村上繁さんがドイツで修得したハム・ソーセージが評判だ。「肉屋がつくって直接売るのが一番おいしく食べてもらえる方法」と村上さん。80種類ほどあるので、いろいろ試したい。

マイスタームラカミ 武蔵境

住所＝武蔵野市境南町3-19-8
営業時間＝9:00〜19:00
定休日＝日曜、祝日
電話＝0422-32-3166

＊立川駅北口バス9番「幸町団地」行きに乗車し終点で下車、徒歩1分

本場ドイツで製造技術を学んだ松澤達市さんのお店。日本人の味覚にアレンジしたものもある。「難しく考えないで好みの味を見つけてください」と松澤さん。月末の土日限定販売の骨付きハムはジューシーに焼き上げた逸品。

デリカテッセン ゼーホフ工房 立川店 玉川上水

住所＝立川市幸町4-59-4
営業時間＝10:00〜20:00
定休日＝水曜
電話＝042-535-5009

街にでかける - #1 "地元感"が伝わる店　　033

シンボパン 立川

住所=立川市曙町2-21-5
営業時間=7:30～18:00
定休日=日曜、月曜
電話=042-522-6211
http://www.shinbopan.com

毎日食べても飽きないパンといえばここ。店主のシンボユカさんがつくるパンは、余計なひねりがなくて素直な味。コッペパン、フランスパン、フォカッチャ、自家製あんこを使用したあんぱんなど、どれも家庭料理を食べているような安心感がある。店内にはカフェスペースがあり、朝食向きのメニューやランチセットを提供。その空間は独創的で、シンボさんの世界観が伝わってくるようだ。店を使ったイベントも時折開催しているので、興味がある人はHP内にあるブログをチェックしてみよう。

小麦粉や小麦グルテンを一切使わない米粉100%のパン屋さん。ベーシックな米粉パンをはじめ惣菜パン、ドーナツやメロンパンといったおやつ向きのパンなど種類が豊富。もちもちした食感で、小麦粉でつくるパンより腹持ちするのが特徴だ。小麦粉アレルギーの人も、そうでない人も、米粉100%でつくったパンのおいしさをぜひ味わってみてほしい。

「アレルギーを持つ我が子にパンを食べさせたい」。こどもパンは、そんな1人の母親の純粋な思いから生まれた。安全な素材を使い、子どもも大人も安心して食べられるものをつくる。それは大前提だ。「自分自身わくわくするパンやお菓子をつくっています」と店主の児玉美希さん。「駄菓子屋さんみたいに、小学生がお小遣いを持ってやってくるお店が目標。地域の人に親しまれるお店にしていきたいです」

こめひろ　武蔵境

住所＝武蔵野市境2-3-18
営業時間＝9:00～18:30
定休日＝月曜、火曜
電話＝0422-77-6616
http://www.comehiro.com
＊オンラインショップあり

こどもパン　国分寺

住所＝国分寺市東元町2-20-10カフェスロー内
営業時間＝11:15～17:00
定休日＝日、月、火
電話＝042-313-9885
http://kodomopan.exblog.jp
＊日曜は不定期でオープン。電話やブログで確認を

物語に出てくるようなお店に、愛らしいパンやスコーン、焼菓子が所狭しと並ぶ。カフェスペースには、親子でゆっくりできるように絵本を常設。月1回開催する絵本の読み聞かせ会は、いつも満員御礼だ。

ラ ブランジュリ キィニョン本店 国分寺

住所＝国分寺市南町2-11-19
営業時間＝10:00〜19:00（月〜土）、10:00〜18:00（日・祝）
電話＝042-318-2139
https://www.quignon.co.jp

バゲットが評判のパン屋さん。各種デニッシュや具だくさんのサンドイッチ、ラスクなどパンの種類が豊富。しっとりした焼き上がりのパウンドケーキも人気が高く、贈りものに喜ばれる。

パサージュ ア ニヴォ 武蔵境

住所＝武蔵野市境南町1-1-20
営業時間＝8:00〜18:00頃
定休日＝水曜、第1火曜
電話＝0422-32-2887

フランス・アルザス地方のパンと焼菓子の店。自然発酵させた生地を使い、店主の奥田有香さんが五感を働かせながら焼き上げている。1人でつくるため数量は限られるが、クオリティは高く安定している。

ラトリエ・ドゥ・カンデル・トウキョウ 武蔵小金井

住所＝小金井市前原町3丁目29-14
営業時間＝10:30〜13:00、14:00〜17:00
＊月、水、金の週3日営業
http://kandel.jp

「黄金の湧水」を仕込み水に使っているパン屋さん。店内には60種類ほどのパンが並ぶ。「小金井野菜を使った惣菜パンもあります」と店長の浅野光教さん。早朝から開いているので、通勤途中に立寄ってみて。

ファンタジスタ 東小金井

住所＝小金井市梶野町5-6-4
営業時間＝7:00〜20:00
定休日＝日曜
電話＝042-382-8083

農業を営むご両親がパンづくりを始めたのは1996年。小野孝章さんと理恵さん夫妻に代替わりした今も、安全な素材を選び、自分たちが食べたいパンをつくる姿勢は変わらない。「パンを試食する子どもの正直な反応を見ると、身が引き締まる思いです」と孝章さん。体のもととなる主食を提供することへの責任と自負がひしひしと伝わってくる。「両親が育てる無農薬野菜をはじめ、顔の見える身近な素材だけでパンをつくるのが理想」と理恵さん。「できることを淡々と続けて深めていきたいです」

窯焼きパン工房　西武立川
ゼルコバ

住所＝立川市西砂町5-6-2
営業時間＝【パンの販売】8:00～売り切れまで、【喫茶】11:00～16:00
定休日＝火曜、水曜（木曜は喫茶のみ10:00から営業）
電話＝042-560-4544
http://zelkowa.cocolog-nifty.com
＊西武立川駅より徒歩15分
＊月曜と土曜は、鈴木農園でとれた野菜を10:00から販売
鈴木農園＝042-531-2392

街にでかける - #1 "地元感"が伝わる店　　037

#2 世代を問わず楽しめる店

街のあちらこちらにある飲食店を訪ねてみると、
お1人様はもちろん、子ども連れでも楽しめる店が多いことに気づきます。
提供する料理は家庭的なものから、日本人になじみのあるうどんやそば、
世界各国の料理とバラエティ豊か。
対面販売が楽しい屋台は、多世代が集う人気スポットです。

「家族につくるごはん」がテーマの一軒家カフェ。こだわりの調味料や天然だしを使った体にやさしい料理は素朴な味わいで、バラエティ豊か。肉料理もあれば魚料理もあり、世代を問わず楽しめるのが魅力だ。店のスタッフは20代から80代までと幅広い。「家族で働いているような感じです」と店主の川上ちゆきさん。ゆったりくつろげる2階を貸し切って家族で誕生日をお祝いしたり、気の合う仲間と食事を楽しむのもいい。

ニシクボ食堂　三鷹

住所＝武蔵野市西久保2-2-13
営業時間＝11:30～14:30(L.O.)、18:00～21:30(L.O.)
定休日＝月曜
電話＝0422-38-5950
＊お弁当、オードブルなどの注文にも対応

江戸時代から続く旧家の敷地を活用した「やぼろじ」(註1)内にあるカフェ。「母めしで社会を元気に」をコンセプトに、旬の食材や安全で安心な調味料を使い、お母さんの知恵と工夫を活かした料理を提供している。縁側を介して広がる庭を眺めながら、畳の間で過ごすひとときもごちそうのひとつだ。予約すれば、夜の宴会や貸し切りパーティにも対応する。母めしの料理教室や食に関するワークショップも随時開催しているので、興味がある人は参加してみて。

やまもりカフェ 谷保
住所＝国立市谷保5119 やぼろじ内
営業時間＝11:30〜15:00
※ランチは11:30〜14:00(L.O.)
定休日＝木曜
電話＝042-505-4034
http://www.moricafe.hahameshi.co.jp

ギャラリー(116p)に併設されたシャトー2Fカフェの看板メニューは、小金井野菜がたっぷり入ったカレーとまぜごはん。「旬の食材を使って、変化が楽しめるようにしています」と店長の阿部裕太朗さん。アーティストの作品がさりげなく置いてある店内は、ギャラリーと連動しながら刻々と変わり続ける不思議空間。唯一変わらないのは、温厚な人柄で親しまれている阿部さんの存在だ。日常にアートが入り込んだカフェには、きょうも親子連れや学生たちが入れかわり立ちかわりやってくる。

シャトー 2F カフェ 武蔵小金井
住所＝小金井市本町6-5-3シャトー小金井2F
営業時間＝12:00〜18:00
定休日＝月曜、火曜、お盆、年末年始
http://www.chateau2fcafe.com

註1「やぼろじ」…旧家の敷地約360坪を次世代につなごうと、多くの人が関わり手を入れて再生された。「谷保の路地に開かれた場所」との思いを込めて命名　http://www.yabology.com

「つながり」を大切にした暮らしを提案するカフェ。70坪ほどの広さがある店内には物販スペースがあり、カフェで使われている食材や国内外のフェアトレード商品などが並ぶ。「ここで食べたごはんがきっかけで、つくり手のことや、ものが生まれる背景に興味を持ってもらえるとうれしい」とスタッフの渡邉由里佳さん。金曜の夜は店内の電気を消し、ろうそくに火を灯して営業する「暗闇カフェ」に。ほのかな灯りのなかで生演奏に耳を傾けながら、食事やお酒が楽しめる。

Cafe Hi famiglia(44p)の姉妹店。店名の「Sacai」とは、中央線と南北をつなぐ道路の境目という場所を意味する。「パリのカフェのように、気軽に立寄れる店をめざしています」と店主の鈴木佳範さん。人気のパンケーキや洋食がベースの料理、ワインに合うおつまみとメニューは幅広く、多世代が集う憩いの場になっている。家具、音響設備、空間構成とどれもこだわっているのに押し付けがましくないところが、Cafe Sacaiらしさかもしれない。

カフェスロー　国分寺

住所＝国分寺市東元町2-20-10
営業時間＝【火、水、木】11:30〜17:30(L.O.)、【金、土】11:30〜15:00(L.O.)、【日、祝、イベント開催のない金・土】11:30〜18:30(L.O.)
定休日＝月曜(祝日の場合は営業、翌火曜休み)
電話＝042-401-8505
http://www.cafeslow.com

Cafe Sacai　武蔵境
（カフェ サカイ）

住所＝武蔵野市境南町4-1-16
営業時間＝11:00〜21:20(L.O.)
定休日＝火曜(祝日の場合は営業)
電話＝0422-27-8536
http://www.cafe-sacai.com

静謐さが漂うなかで、滋味あふれる料理を味わいたい―。circusは、そんな人におすすめだ。看板メニューは「ゆで鶏のせごはん」。身近に手に入る食材を使い、店主のセキグチテルヨさんが一品ずつ丁寧に仕上げて提供している。お客さんとのコミュニケーションを大切にしたいとの思いから、できる限り接客もセキグチさんが行っている。そんな真摯な姿勢が伝わるのか常連になる人が多く、時と場を共有しながら本を読んだり書き物をしたり、それぞれ静かに過ごしているのが印象的だ。

circus 国立

住所＝国立市中1-1-17セントラルハイツ106
営業時間＝12:00〜20:30（L.O.）
定休日＝火曜、水曜
電話＝080-8161-9889
http://twilight-circus.com

街にでかける - #2 世代を問わず楽しめる店 ///// 043

お鷹の道の途中にある休憩スポット。人気のインド風キーマカレーは各種スパイスを調合してつくる本格派。自家製のピクルスやジャムをはじめ、国分寺の名産品も販売。春にはシジュウカラがバードハウスを訪ねる姿が見られる。

史跡の駅 おたカフェ　国分寺

住所＝国分寺市西元町1-13-6
営業時間＝9:00〜17:00　定休日＝月曜
電話＝042-312-2878
http://www.ota-cafe.com

地域連携を目的に東京学芸大学構内に誕生したベーカリーカフェ。「東京牛乳」と府中の産みたて卵を使ってつくるカスタードクリームパンは多摩エリアらしい一品。店内ではイベントも開催され、人と情報が行き交う場になっている。

note cafe　武蔵小金井

住所＝小金井市貫井北町4-1-1
東京学芸大学附属図書館1階
営業時間＝10:00〜18:30
定休日＝日曜、祝日、構内への立ち入りが制限される日　電話＝042-329-7312
http://notecafe.net

注文を受けてから焼くワッフルは、表面がカリッと香ばしく中はしっとり。トッピングの種類が豊富なので、いろいろ試してみたい。店内にはカウンターとテーブル席があり、1人でもグループで来ても楽しめる。

pirkacafe　武蔵小金井
（ピリカカフェ）

住所＝小金井市本町5-12-14森ビル2F
営業時間＝【月、火、金】10:30〜21:00、【木、土、日、祝】10:30〜19:00
定休日＝水曜、第2・第4木曜
電話＝042-401-2871
http://pirkacafe.on.omisenomikata.jp

店内では雑誌を眺めたり、併設のギャラリーをのぞいたり、くつろいだ様子で過ごす人が多い。オリジナル焙煎豆を使い、ハンドドリップで淹れる珈琲はホームメイドケーキとの相性も抜群。

Cafe Hi famiglia　三鷹
（カフェハイファミリア）

住所＝三鷹市下連雀3-38-4
三鷹産業プラザ1F
営業時間＝11:00〜21:20（L.O.）
定休日＝火曜（祝日の場合は営業）
電話＝0422-38-8311
http://www.hi-famiglia.com

森の中の1本の木に見立てて設計された店内にはちいさな扉があったり、吊り橋が架かっていたり、リスが棲んでいるかのような楽しい仕掛けがいっぱい。メニューは、時間をかけて抽出する水出し珈琲をはじめ、自家製のマフィンやケーキなど、どれも手間を惜しまず丁寧につくられたものばかり。哲学対話「クルミドの朝モヤ」（月2回、日曜の朝開催）やクラシック演奏会「音の葉Home Concert」（120p）など、カフェという場を使ってさまざまな試みが行われているのも興味深い。

クルミドコーヒー 西国分寺
住所＝国分寺市泉町3-37-34　営業時間＝10:30〜22:00(L.O.)
定休日＝木曜　電話＝042-401-0321　https://kurumed.jp

野川公園に隣接した、テーブル席2つのちいさなカフェ。三鷹産の野菜を使ってつくるケーク・サレやシフォンケーキなどお菓子はすべて手づくり。ハンドドリップで丁寧に淹れる珈琲や香り高い紅茶もあり、テイクアウトして公園で過ごす人が多い。

Oeuf（ウフ） 多磨

住所＝三鷹市大沢6-3-53
営業時間＝11:00～17:00
電話＝0422-30-5837
oeuf-cafe.jimdo.com
＊日曜のみ営業

羽釜炊きのごはんを提供する1ランク上の定食屋さん。だし巻き卵やお浸し、漬物などごはんのお供もそろっているので、お好みで追加したい。とくに本枯れ節の削りたては香りが高く、とろけるようなおいしさ。極上のおかかごはん、ぜひお試しあれ。

きょうや食堂 谷保

住所＝国立市富士見台1-10-5
営業時間＝11:30～14:30、17:30～20:30（L.O.）
定休日＝日曜　電話＝042-843-0150

天井が高く広々とした店内にソファや椅子がゆとりをもって配置され、1人、カップル、グループと多様な客層に対応する懐の深さが魅力。パーティ会場として利用する人も多く、貸し切りが可能。

デイリーズカフェ 西国分寺店 西国分寺

住所＝国分寺市泉町2-9-1
営業時間＝11:30～22:15（L.O.）
電話＝042-300-0222
＊不定休（HP「今月のお休み」参照）
http://dailies-nishikoku.jimdo.com

手づくりケーキや自家製アイスクリームなどスイーツが充実。おだやかな光が差し込む店内は清々しい空気に包まれ、店主、丸山陽子さんの人柄を映し出しているかのよう。珈琲や紅茶とともに、ゆったりした時を楽しみたい。

Maru cafe 東小金井

住所＝小金井市東町4-31-10
営業時間＝11:00～20:00
定休日＝木曜
電話＝042-384-2775

本に囲まれた、静寂の時が流れるカフェ。「日常を離れて、のんびりお過ごしください」と店主の松本泰治さん。土鍋でふっくら炊き上げたごはんをぜひ味わって。

CAFE JI:TA 武蔵境
（カフェ ジータ）

住所＝武蔵野市境3-12-11
営業時間＝【火〜木】11:30〜19:00、【金】11:30〜22:00（16:00〜18:00は休憩）、【土】12:00〜22:00、【日】12:00〜20:00
定休日＝月曜　＊不定休あり
電話＝0422-57-3298
http://www.cafe-jita.com

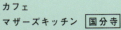

近隣の農家から仕入れた野菜中心の料理を提供している。「家族につくるように、バランスのとれた食事を心がけています」と店主の水島藤代さん。自宅を改装した店内は居間を思わせるつくりで、長居する人が多い。

カフェ マザーズキッチン 国分寺

住所＝小金井市貫井南町5-16-23
営業時間＝11:00〜16:00（L.O.）
定休日＝日曜　電話＝042-383-2898
＊国分寺駅南口より、ぶんバス東元町ルートに乗車し「新町3丁目」下車。徒歩3分

武蔵小金井駅近くにある洋食レストラン。ハンバーグをはじめ、ステーキ、ヒレカツ、グラタン、懐かしのナポリタンなどメニューが豊富で、どれもボリューム満点。3階には約60名収容できるホールがあり、各種パーティにも対応する。

ハンバーグ レストラン 葦 武蔵小金井

住所＝小金井市本町5-19-1清水ビル2F
営業時間＝【月〜土】11:00〜21:30（L.O.）、【日・祝】11:00〜21:00（L.O.）
電話＝042-384-0038

ジャンルにとらわれない創作料理とお酒が楽しめる。「お客さんの注文に応じた料理を提供することもできます」と店主の中村守裕さん。ワインは赤白とも常時15種類以上あり、グラスでも楽しめる。

パラダイス キッチン・ワイ 東小金井

住所＝小金井市東町4-38-17
営業時間＝【ランチ・月〜土】11:30〜14:00（L.O.）、【ディナー】17:30〜24:00（L.O.）
＊ドリンク 24:30（L.O.）
電話＝042-406-4788
http://koganei-wai.com

街にでかける - #2 世代を問わず楽しめる店　047

曜日ごとに場所を変えて出店する楽しい屋台。きょうはどこで会えるかな。

たいやきや ゆい

鉄の型でひとつずつ焼き上げる"一丁焼き"のたいやきやさん。型を巧妙に操る店主、由井尚貴さんの動きを目で追うだけでも楽しい。手渡されたたいやきを一口ほおばると、香ばしく焼けた薄皮と小豆の上品な甘さが口いっぱいにひろがって、ああ、最高に幸せ！ いつもにこにこ笑顔で迎えてくれる由井さんと話していると、元気がもらえます。

たいやきや ゆい

http://taiyakiyayui.jugem.jp
＊2016年4月1日でたいやきの屋台出店は終了
＊2016年5月頃よりパンとお菓子mimosa(P70)にてかき氷(夏季)と甘味のお店を開始

048 ////// 街にでかける - #2 世代を問わず楽しめる店

珈琲屋台 出茶屋

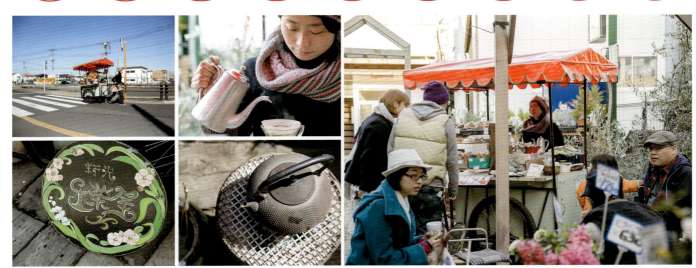

「戸外でおいしい珈琲を飲みたい」という思いから生まれた珈琲屋台。店主は鶴巻麻由子さん。小金井の地下水を鉄瓶で沸かし、その場で挽いた豆をハンドドリップで丁寧に淹れてくれる。炭がはぜる音を聞きながら待っていると、やがて珈琲のいい香りが風に乗って漂ってくる。移りゆく時の流れを肌で感じながら、淹れたての珈琲を味わう贅沢なひととき。出茶屋にはいつも、おだやかな空気が流れています。

珈琲屋台 出茶屋
http://www.de-cha-ya.com
＊出店場所は、HP内の「出店カレンダー」参照

都内各所でシェフの経験を積んだ梶泰之さんが2011年にオープンした欧風食堂。骨付き豚ロースのグレモラータや季節の魚のアクアパッツァ、イカのスミ煮、季節のリゾットなど、ヨーロッパ各地のベーシックな料理がメニューの中心だ。旬の食材を使って丁寧につくる料理はどれも秀逸で、ワインとの相性も抜群。気軽に楽しんでもらいたいからと、値段がおさえめなのもうれしい。カウンターとテーブル席3つのちいさなお店なので、予約した方が確実だ。

欧風食堂 ラベルジュリー 東小金井

住所＝小金井市東町4-39-5
営業時間＝18:00～23:00(L.O.)
定休日＝月曜
電話＝042-385-7797

塩漬け豚のポトフやビーフシチュー、カレーなど煮込み料理がとびきりおいしい。「肉と野菜が渾然一体となった旨味のある煮込みが好き」と店主の堀田きよみさん。カウンターに腰かけると、料理する姿が間近に見える。家のリビングでごはんができるのを待っている気分だ。堀田さんはワインのソムリエでもあるので、好みを伝えて選んでもらうのもいい。自家製ウスターソースがかかったポテトコロッケや、エビのガーリックオイル煮など、ワインに合うおつまみもそろっている。

ラヂオキッチン 　国分寺

住所＝国分寺市本町2-17-2
営業時間＝18:00〜24:00
定休日＝月曜　電話＝042-325-9907
http://members.jcom.home.ne.jp/radi-kitch

街にでかける・#2 世代を問わず楽しめる店 ///// 051

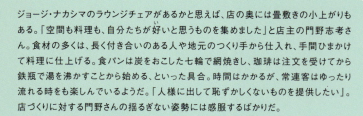

ジョージ・ナカシマのラウンジチェアがあるかと思えば、店の奥には畳敷きの小上がりもある。「空間も料理も、自分たちが好いと思うものを集めました」と店主の門野志考さん。食材の多くは、長く付き合いのある人や地元のつくり手から仕入れ、手間ひまかけて料理に仕上げる。食パンは炭をおこした七輪で網焼きし、珈琲は注文を受けてから鉄瓶で湯を沸かすことから始める、といった具合。時間はかかるが、常連客はゆったり流れる時をも楽しんでいるようだ。「人様に出して恥ずかしくないものを提供したい」。店づくりに対する門野さんの揺るぎない姿勢には感服するばかりだ。

カフェ いずん堂　鷹の台

住所＝小平市小川町1-741-53
営業時間＝【水・木】12:00〜20:00、【金, 土, 日】12:00〜21:00
定休日＝月曜、火曜(祝日は営業)。不定休あり
電話＝042-315-1106
http://izundou.com

牛スジ肉を使ったまろやかでコクのある欧風カレーは、幅広い世代に支持されている。「洋食のカレーライスが僕の原点」と店主の高橋達大さん。ジャズが流れる店内に、小鹿田焼きなど味のある器がさりげなく使われていて、高橋さんのセンスのよさが伝わってくる。

カレー・シチュー屋 シーサー　武蔵小金井

住所＝小金井市本町5-19-3大沢ビル2F
営業時間＝11:30〜16:00、17:00〜21:00
＊16:00〜17:00は休憩時間
定休日＝水曜
電話＝042-384-3377
http://www005.upp.so-net.ne.jp/shi-sa

「朝、店に来たら玄米を5分づきに精米して、昆布とかつお節で出汁をとる。それが1日のはじまりです」とオーナーのミヤザキさん。提供するのは厚焼き卵や南蛮漬けなどの定番と、旬の食材を取り入れた料理がメイン。身近な食材を丁寧に仕込んだ家庭的な料理と心のこもった接客で、毎日通いたくなる店をめざしている。自家製酒の種類も豊富で、ごはんもお酒も両方楽しめるのが魅力。1人でも家族連れでも満たされる、居心地いい街のレストランだ。

小金井産の野菜を使った家庭的な料理が評判のサクラキッチンは、"セカンドダイニング"がコンセプト。「台所の延長だと思って利用してください」と店長の小谷透さん。昼は一汁三菜定食や日替わりランチ、夕方からは人気の鶏の唐揚げや煮魚など主菜を提供する。新酒の時期には、各地の地酒が続々と登場。テイクアウトコーナーでは各種惣菜が販売され、一品ほしい時に重宝する。料理の基本を伝授する料理教室も開催されているので、興味のある人は参加してみて。

リトルスターレストラン　三鷹

住所＝三鷹市下連雀3-33-6
三京ユニオンビル3F
営業時間＝【平日】11:30～24:00、
【土】12:00～24:00、【日・祝】12:00～23:00
定休日＝月曜　＊不定休あり
電話＝0422-45-3331
http://www.little-star.ws

サクラキッチン　東小金井

住所＝小金井市梶野町4-17-7
営業時間＝【ランチ・火～日】11:30～14:00(L.O.)、
【ディナー・水、土、日】17:30～21:00(L.O.)、
【ディナー・木、金】17:30～22:00(L.O.)
惣菜の販売＝11:30～(火～日の営業時間内)
定休日＝月曜、祝日　＊不定休あり
電話＝042-316-3336
http://sakura-kitchen.jp

街にでかける - #2 世代を問わず楽しめる店 ////// 053

新聞記者であり画家でもあった初代の作品が壁に飾られ、昭和29年開業時の椅子がいまも現役で使われている。名物「ザイカレー」をはじめ、通常の1.5倍の量を提供するメニューは二代目のアイデアで、学生たちの間でたちまち評判になった。「休日には、家族連れが料理を取り分けながら楽しんでいらっしゃいます」と店長の長谷川さん。約60年の間に増改築をくり返し、地元住民の声に応えてきた老舗茶房は、少しずつ変化を遂げながらもロージナらしさを守り続けている。

ロージナ茶房　国立

住所＝国立市中1-9-42
営業時間＝9:00〜22:30(L.O.)
電話＝042-575-4074

手動式の扉を開けると、清楚なユニフォームに身を包んだウェイトレスが丁寧にお辞儀をして迎える。メニューを開くと、ナポリタン、ピラフ、パフェといった料理が名を連ね、昭和の時代が懐かしくよみがえってくる。「誰が食べてもおいしいと思う味をめざしています」と店主の滝沢ミチヨさん。「喫茶室らしくありたい」。そう考える滝沢さんの思いが、接客、料理、空間の在り方すべてに反映され、居心地いい場をつくり出している。

扉を開けると、茶色を基調とした空間が奥にひろがる。店内ではジャズが静かに流れ、昔懐かしい喫茶店を彷彿とさせる。「学生の頃から喫茶店のマスターになるのが夢だったんです」と中村温思さん。オリジナルブレンドの豆を使い、ネルドリップで淹れる珈琲はまろやかで飲みやすい。珈琲に合う焼菓子は、ともに店を切り盛りする杉田屋朋子さんの手づくりだ。本格的な珈琲と滋味深いケーキをお供に、心静かに過ごすひととき。ここだから味わえる、贅沢な大人の時間だ。

喫茶室 たきざわ 武蔵小金井

住所＝小金井市本町5丁目12-19-2F
営業時間＝【月〜土】9:00〜19:00、【日、祝】10:00〜18:00
＊モーニングは11:00まで。ランチは11:30〜14:00(日祝のぞく)
年中無休(12/31〜1/3のぞく)
電話＝042-387-2777

old cafe ときの木 国立

住所＝国立市中1-10-22天神ビル1F
営業時間＝11:30〜20:00(L.O.)
＊月曜は11:30〜15:00(L.O.)
定休日＝火曜
電話＝042-505-7421
http://tokinoki.com

毎日午前と午後の2回、石臼で挽いて手打ちするそば屋さん。本枯れ節の削りたてだけを使ってつくる出汁は香りが高く、この上ないおいしさ。旬の食材を使った酒の肴も秀逸で、飽きないように日々メニューを変えて提供している。「休日には街へでかけて器を選んだり、料理のヒントを得たりして、つねに新しいものをお出しするよう心がけています」と店主の中村直樹さん。店内には椅子席のほかに小上がり席があり、落ち着いて食事を楽しむことができる。

手打そば きょうや 谷保
住所＝国立市富士見台1-12-14
営業時間＝11:30～14:30、17:30～20:30 (L.O.)
＊第1火曜以外の火曜は昼のみ営業
定休日＝水曜、第1火曜　電話＝042-573-9755
http://www.7b.biglobe.ne.jp/˜kyouya

お鷹の道の途中、真姿の池付近にある休み処。店主の仁田譲さんがDIYで改装した店は開放的で明るく、楽しい仕掛けがいっぱい。店内にはお手製の散策マップも常備している。「道案内しますので、気軽に声をかけてくださいね」と仁田さん。出汁のきいたうどんは体に染み入るやさしい味。腹ごしらえしたら、さあ出発だ!

うどん＆café ライトハウス 国分寺
住所＝国分寺市東元町3-19-14　営業時間＝11:00～日没
定休日＝水曜　電話＝042-322-0122

058　/////　街にでかける - #2 世代を問わず楽しめる店

古材を使って建てた風情ある建物が目印の手打そば屋さん。割烹を極めた店主、潮幸司さんの料理は評判が高く、遠方から訪ねる人も多い。店内に飾られた仏像はすべて潮さんの手彫り。どれも精巧なつくりでつい見入ってしまう。

潮　│西国分寺│

住所＝国分寺市西元町2-18-11
営業時間＝11:30〜14:00（土、日、祝＝15:00）、17:00〜21:00
定休日＝火曜　電話＝042-359-2898

出汁にこだわるつけ麺重視のうどん屋さん。「つくり置きせず、無添加・無化学調味料を心がけています」と店長の鴨下禎也さん。定番のぶた汁から創作メニューまで幅広く提供。オープンキッチンで調理する姿が見える距離感もいい。

田舎うどん　│東小金井│
かも kyu

住所＝小金井市緑町4-15-48
営業時間＝11:30〜15:00
（麺、出汁がなくなり次第閉店）
定休日＝火曜、第3水曜
電話＝042-406-1699

1人でも家族と来ても楽しめる讃岐うどんの店。「仕事帰りに一杯飲んで帰る女性の方が多いです」と店主の幸内和範さん。小鉢料理から刺身、焼魚、鶏肉の天ぷらと酒のアテも充実。地元ではカジュアルなうどん居酒屋として認知されている。

UDON STAND GOZ　│三鷹│
（ウドンスタンド ゴズ）

住所＝武蔵野市西久保1-6-20
営業時間＝11:30〜14:30、17:30〜23:30(L.O.)
定休日＝水曜　電話＝0422-38-4720

武蔵野台地で栽培された小麦を使ってつくる「武蔵野地粉うどん」提供店。「麺の黒い斑点は全粒粉に挽いた武蔵野産の小麦なんですよ」と店主の大楽紀夫さん。つけ汁は辛口の関東風。中細ながらコシのあるうどんとの相性もいい。

大むら　│武蔵境│

住所＝武蔵野市境南町4-9-2
営業時間＝11:00〜15:00、17:00〜21:00
定休日＝木曜
電話＝0422-31-5019
http://r.gnavi.co.jp/46hpp54n0000

世界の味めぐり

日本

季節の天ぷらを中心とした和食と、異国を感じさせる料理が同時に楽しめるお店。店を切り盛りするのは村田大輔・由美子夫妻。日替わりメニューには「アボカドの酒粕味噌漬け」や「白桃のサラダ豆腐のドレッシング」など興味をそそるネーミングが名を連ね、全制覇したくなる。日本酒のセレクトもよく、訪ねるたびにラインナップが変わっているのも楽しみのひとつ。〆には土鍋で炊き上げる鯛飯がおすすめだ。

お酒とごはん くうふく 国分寺

住所＝国分寺市本町2-22-2
営業時間＝17:30〜22:30(L.O.)
定休日＝火曜、第1日曜
電話＝042-324-2002

中国

創業から30年が過ぎたいまも、地元の人に愛され続ける中華料理店。広東系の上品な味で見た目も美しく、料理が登場するたびにテーブルが華やかになる。「20種類以上の食材が入った五目焼きそばは、創業以来の人気メニューです」とオーナーシェフの落合芳光さん。どの料理もボリュームがあるので、大勢で取り分けながら楽しみたい。数量限定、のどごしなめらかな杏仁豆腐は落合さんの自信作。ぜひ一度お試しあれ。

中華料理 オトメ 国分寺

住所＝国分寺市南町3-13-10
営業時間＝11:40〜15:00、18:00〜21:30(L.O.)
定休日＝水曜
電話＝042-326-0678

韓国

タイ

本場韓国の味を忠実に再現した韓国料理専門店。キムチも日本人向けにアレンジせず、本来の辛さそのままだ。「いまでは韓国を旅行する人も多いので、本場の味を知っている人に満足してもらえる料理を心がけています」とオーナーシェフのユンさん。おすすめは、スンドゥブチゲ（絹豆腐のチゲ）と海鮮チヂミ。いずれも韓国の家庭でよく登場するが、同店で提供するのはおふくろの味ではなく、プロの料理人がつくる本格派だ。

本場タイの味を再現した料理と、辛味をおさえて日本人向けにアレンジした料理の2パターンを提供する同店のメニューは約100種類。看板は、店名でもあるカオマンガイ（蒸し鶏のせごはん）。お酒の種類も豊富で、さながらバンコクの居酒屋といった雰囲気だ。「しっかり食べて、しっかり飲んでくださいね」と店長の小林直樹さん。味・ボリュームとも満足のお店はいつも人であふれ、活気に満ちている。

韓国家庭料理　たんぽぽ　国立
住所＝国立市中1-16-72メラージュ富士2F
営業時間＝11:30～14:00、17:00～22:10(L.O.)
定休日＝火曜
電話＝042-573-5957

バンコク屋台料理
カオマンガイ立川店　立川
住所＝立川市柴崎町2-2-13FKK柴崎町ビル1F
営業時間＝【月～土】17:00～26:00(L.O.)、
【日】17:00～24:00(L.O.)
電話＝042-527-3655

街にでかける - #2 世代を問わず楽しめる店 ///// 061

小金井育ちの小城正樹さんが切り盛りするインド料理店。カウンターには各種スパイスの入った保存瓶が並び、随所に旅や食にまつわる本が置かれている。昼下がり、ワインをお供に過ごすのもいいけれど、「のんびりするなら夜がおすすめです」と小城さん。18:00以降は野菜のアチャールやスパイス炒めといった一品料理が加わり、お得感倍増。最後は「おつまみカレー」で〆るもよし。ちいさな店なので、1人でヒガコの夜を楽しみたい。

伝統的なロシア料理を、日本人の舌に合うようにアレンジして提供している。「スメターナ（＝サワークリーム）はロシア料理には欠かせない食材です」とスタッフの星野和子さん。前菜からデザートまでメニューが豊富で、グルジアワインをはじめロシアビール、ウォッカなど飲みものも充実の内容。マトリョーシカやロシアの生活道具があちこちに飾られた店内は異国情緒たっぷり。落ち着いた雰囲気で、ゆっくり食事を味わうことができる。

インド富士　東小金井

住所＝小金井市東町4-37-15
営業時間＝11:30〜14:00（土日は15:00まで）、18:00〜22:00
定休日＝火曜　＊不定休あり
電話＝070-5362-5746（営業時間内のみ）
http://indfj.tumblr.com/

ロシアの家庭料理　スメターナ　国立

住所＝国立市東1-7-5弥生ビルB1F
営業時間＝【火〜金】11:30〜13:30（L.O.）、18:00〜22:00（L.O.）【土】18:00〜22:00（L.O.）、【日・祝】18:00〜21:30（L.O.）
定休日＝月曜（祝日の場合は翌火曜が休み）
電話＝042-574-2277

フランス

イタリア

フランス料理の定番がメニューに名を連ねる。奇をてらった創作料理は見当たらない。「うちで出しているのはフランスの地方色豊かな料理。構えず、気軽に楽しんでください」と店主の加藤彰さん。店内は1階が飲食スペース、2階がキッチンと完全分離。漆喰壁に囲まれた1階はこぢんまりとしていて、まるで穴ぐらのよう。場が持つ雰囲気を存分に味わいたいなら、10名程度で貸切るのがおすすめだ。事前に希望を伝えると、写真のようなダイナミックな料理も堪能できる。

南北に広がるイタリア各地を転々と修業して回り、その後祖国ガーナで店を構えたサミエルさんが縁あって国分寺に開いたお店。イタリアのどの地方の料理でも出せるのが強みだ。とくに野菜にはこだわり、「野菜の気持ちになって、おいしい料理に昇華させる努力をしています」とサミエルさん。出汁は使わず、塩と胡椒だけで味を整えるのがサミエル流。素材の持ち味を大切にしたいという思いが伝わってくる。

GRAS（グラ） 国立

住所＝国立市中1-19-16
営業時間＝12:00〜14:00、18:00〜22:00
定休日＝木曜
電話＝042-573-6006
＊日・祝は夜のみ営業

イタリア料理の店 シレーナ 国分寺

住所＝国分寺市本町2-3-9 カーサクレール1F
営業時間＝11:00〜14:30、17:00〜22:00
定休日＝水曜
電話＝042-401-0737
http://sirena.favy.jp/

あさちず

爽やかな朝が似合う、街のスポットを紹介します。

パサージュ ア ニヴォ
⇨36p

バゲットが絶品

都立武蔵野中央公園

江戸東京たてもの園

都立小金井公園

都立玉川上水緑道

武蔵小金井　東小金井　武蔵境　三鷹
中央線

新小金井

黄金や
⇨32p

新鮮です

都立武蔵野公園

都立野川公園

morisuke
⇨73p、80p

ケーキもコーヒーも

テイクアウトしよう

tiny little
hideout
SPOONFUL
⇨69p

多磨

都立武蔵野の森公園

あさちず ///// 065

#3 くつろぎの時を提供する店

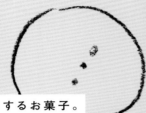

休む

食べる

買う

読む

集う

整える

素材にこだわって手づくりするお菓子。
豆を挽いて丁寧に淹れる一杯の珈琲。
居酒屋の店主がつくる一皿の料理。
どの「おいしい」も店主の思いから生まれたもの。
どんな空間で、どのようにもてなすかは店によって異なります。
街に出て、好みのお店を見つけましょう。

街にでかける - #3 くつろぎの時を提供する店 ////// 067

作り置きを一切しない、オーダーメイドのお菓子屋さん。「つくりたての一番おいしいときに食べてほしい」と考える店主の池谷信乃さんは受注制作にこだわり、創業以来このスタイルを貫いている。住宅街のなかにある工房では、毎月1回マルシェを開催。焼きたてのお菓子やパンがガレージに並び、工房はカフェに早変わり。毎回くろねこ軒ファンが長蛇の列をつくるが、みんな静かに順番を待っているのが印象的だ。

お菓子工房 くろねこ軒 国立

住所＝国分寺市新町3-26-28
電話＝042-301-3338
http://kuronekoken.com
＊マルシェ、お菓子教室、イベント
出店などの情報はHPを参照

魚屋、八百屋、肉屋、総菜屋が混在する丸田ストアの一角にあるスプンフルは、焼菓子と食事を提供する市場のなかのスタンド。「丸田ストアは、子どもの頃からの馴染みのスーパー。生まれ育った地元で、古くから知っている人たちと働けるのは心強い」と店主の眞嶋麻衣さんと佐々木砂良さん。店頭には定番のスコーンをはじめ、具だくさんのマフィン、自家製カッテージチーズ入りキッシュなどが並び、厨房からは世界各国を旅してヒントを得たオリジナル料理が日々生まれている。

フランス菓子の手法で、ひとつひとつ丁寧につくるケーキやタルトがショーケースに並ぶ。派手さはないが、どれも香りが高く、繊細かつ複雑な味わいだ。「さまざまな素材のバランスをとりながら、味を組み立てています」と店主の志村恭代さん。大人向けの味は男性にも人気が高く、ワインとの相性もいい。

tiny little hideout SPOONFUL（スプンフル） 武蔵小金井
住所＝小金井市前原5-8-3 丸田ストア内
営業時間＝10:00～17:00（夕暮れ時まで）
定休日＝日曜、月曜
http://tinylittlehideout.com

洋菓子舗　茂右衛門 国分寺
住所＝国分寺市南町2-18-3 国分寺マンションB1F
営業時間＝11:00～20:00
定休日＝月曜、火曜
電話＝042-323-8200

店のオープンと同時に第一弾のパンが焼き上がり、カウンターが徐々ににぎやかになっていく。「食事向きのプレーンなものとおやつ系、2つのタイプをご用意しています」と店主の由井洋子さん。6月上旬から10月下旬までパンはいったんお休みになるが、焼菓子やスコーン、ジャムは引続き販売。パンと入れ替わりに、ご主人の由井尚貴さん（＝たいやきや ゆい／48p）のかき氷が登場。シュッシュッシュッと小気味よい音が響き渡り、店全体が夏らしい光景に様変わりする。

パンとお菓子　西国立
mimosa

住所＝国立市西2-19-12ヘリオス国立1-b
営業時間＝11:00〜17:00
定休日＝日、月、火
電話＝042-505-6210
※2016年春より出産育児のためしばらくの間休業
※2016年5月頃よりたいやきゆい(P48)が、かき氷(夏季)と甘味を提供(営業日や営業時間はブログで確認を)

スコーンやパウンドケーキなど、素朴な味わいの英国焼菓子を手づくりしている。三鷹市内で平飼いされた鶏の卵を使ったお菓子は甘さひかえめで、紅茶や珈琲にぴったり。「毎日食べたくなるお菓子をめざしています」と店主の深澤圭子さん。店内には喫茶スペース(4席)があり、散策途中の休憩スポットにもなっている。

こいけ菓子店　三鷹

住所＝三鷹市下連雀4-16-14
営業時間＝12:00〜19:00
定休日＝月曜
電話＝0422-41-7520

仕事を終えて帰宅する途中、ちょっとひと息つきたい—。テオレマカフェは、そんな大人の心を満たしてくれる希少な場所だ。丹誠込めて焼き上げるお菓子と上質なワイン、そして静寂が漂う空間で迎えてくれる。「心のよりどころになるような場所をめざしています」と店主の太田博子さん。壁際には漫画本がずらりと並び、そのセレクトは物静かな太田さんの嗜好を垣間みるようで興味深い。

小野木淳・美里夫妻が切り盛りする焼菓子のお店。お菓子づくりは美里さんが担当。かつてベジタリアンの店で働いていた経験から、動物性食材を使わず、季節のくだものをメインにしたタルトやマフィン、クッキーなどを販売している。「酸っぱいくだものも、焼き込むとおいしく食べられます」と美里さん。人気のタルトは予約すればホールでの購入が可能。バースデーケーキなどのオーダーメイドにも応じてくれる。

TEOREMA CAFE 三鷹
(テオレマカフェ)
住所=武蔵野市中町1-10-2ときわビル2F
営業時間=13:00～19:00
＊木曜のみ14:00～21:00
定休日=月曜
電話=0422-54-3505
＊不定休あり

焼き菓子や ひとひとて 国立

住所=立川市若葉町1-17-1
営業時間=11:00～19:00
定休日=水曜、木曜
電話=042-507-7352

ショコラを得意分野とするパティシエ猿舘英明さんのお店。ボンボン・ショコラをはじめとしたチョコレートアイテムや甘さとボリュームのバランスが絶妙な生ケーキや季節のくだものを使ったジュレなどフランス仕込みのお菓子がいっぱい。

マ・プリエール 三鷹

住所＝武蔵野市西久保2-1-11
パニオンフィールドビル1F
営業時間＝10:00〜20:00
電話＝0422-55-0505
＊不定休

100％植物性のナチュラルスイーツとデリの店。「誰もが笑顔になるお菓子や惣菜をつくっています」と店主の倉科聖子さん。毎週水曜と金曜には限定15食の菜食弁当を販売。週に1度、体をリセットして体調を整えてはいかが。

フォレスト・マム 武蔵小金井

住所＝小金井市前原町3-41-28
営業時間＝11:00〜18:00
定休日＝月曜、第3火曜
電話＝080-6678-4106

創業昭和7年のフルーツと洋菓子の店。駅前の再開発に伴い移転し、カフェを併設した店に生まれ変わった。「今後はワインと料理も提供します」と三代目の延命真一郎さん。進化する名物店は今も街に元気な風を送り込んでいる。

多根果實店 国分寺

住所＝国分寺市本町2-23-2
営業時間＝11:00〜24:00
電話＝042-321-0180
＊不定休

北海道の指定牧場から直送される低温殺菌牛乳と上質な生クリームを使い、保存料や乳化剤を加えずにつくるアイスクリームは甘さひかえめ。シャーベットも人気で、さまざまなフレーバーがある。イートイン、テイクアウトとも可。

**ミルクトップ
富士見台本店** 谷保

住所＝国立市富士見台1-7-1
営業時間＝11:00〜18:00　定休日＝月曜
電話＝042-572-5850
http://www.milktop.jp

1954年創業のフランス料理店、TERAKOYAの敷地内にあるショップ。庭園内のスモークハウスで1週間かけて燻製した生ハムやスモークサーモン、自家製カヌレをはじめとした焼菓子などオリジナリティ豊かな逸品がそろっている。

La Boutique TERAKOYA 武蔵小金井

住所＝小金井市前原町3-33-32
営業時間＝11:00～21:00
定休日＝月曜、第1火曜
http://www.res-terakoya.co.jp

店の前を通ると甘い香りがして、つい足を止めてしまう。ケーキやタルト、クッキーなどの焼菓子に至るまですべて店内の厨房でつくられ、ガラス越しにその様子が見て取れる。どれも甘さひかえめで、やみつきになるおいしさだ。

petit à petit 武蔵境
（プチ・タ・プチ）

住所＝武蔵野市境南町2-13-7
営業時間＝10:30～19:00
定休日＝月曜、第3火曜（祝日営業、翌日休）
電話＝0422-33-5653
http://www.petita.info

クルミが入ったキャラメルをクッキー生地に挟んで焼いた「ノア」は創業以来の人気商品。「詰め合わせて贈りものにする人が多いです」とシェフの桑原秀記さん。ショーケースには多種多彩なケーキが並んでいて目移りしてしまう。

洋菓子の店 フォンテーヌ 東小金井

住所＝小金井市梶野町5-6-15
営業時間＝10:00～20:30
定休日＝月曜
電話＝042-381-2277

森夏世さんが製造から販売まで手がけるシフォンケーキ専門店。プレーン、季節のくだもの入り、チョコマーブルと表情はさまざま。「毎日でも飽きないように、日替わりで提供しています」。2階のカフェスペースでお茶とともに楽しみたい。

モリスケ 三鷹

住所＝三鷹市下連雀4-16-3-1F
営業時間＝9:00～20:00
定休日＝不定休　電話＝0422-48-0078
http://www.morisuke.tokyo
＊現在は姉妹店横森珈琲（p80）とひとつになり、「morisuke」として営業中です

店主の柳瀬真さんが丹誠込めてつくる和菓子はどれも品格があり、想像をはるかに上回るおいしさ。なかでも本蕨粉を練り上げてつくるわらび餅（期間限定）は独特のコシと粘りがあり、口の中でつるんととけてしまう逸品。つい多めに買い求めたくなるが、「どうぞ、その日に召し上がる分だけを」と柳瀬さん。保存料を加えずにつくる主菓子はできたてが一番。それが無理でも、せめてその日のうちに食べてもらいたいと願う、つくり手の思いが伝わってくる。

御菓子調進所　国立
一真菴本店

住所＝国立市西2-9-75
営業時間＝9:00〜19:00
（日曜は18:00まで）
定休日＝月曜
電話＝042-580-2215
＊富士見通り店もあり

創業以来、小金井で愛されている和菓子屋さん。現在は二代目の猪狩具美さんが店を切り盛りし、先代の思いを引き継ぎながら、時代をとらえた創作和菓子を提供している。縞模様に焼き目をつけた「寅焼」はふっくら焼き上げた皮と丁寧に練り上げた餡のバランスが絶妙な人気の一品。寒天で固めた「和三盆ぷりん」や季節のくだものと少量の餡を餅でくるんだ大福など、ここでしか味わえない和菓子を求めて足繁く通う人は多い。

和菓子処ならは　農工大通り店　武蔵小金井

住所＝小金井市本町1-10-5　営業時間＝10:00〜19:00
定休日＝火曜　電話＝042-385-7800
＊新小金井本店もあり

けやき通り商店街にある御菓子司 三陽の看板商品は佇まいが愛らしい麩まんじゅう。笹の葉の爽やかな香りと生麩のつるんとした食感は一度食べたら忘れられない味。季節の上生菓子や大福、のし餅やおこわの販売コーナーもある。

御菓子司 三陽 　武蔵小金井

住所＝小金井市本町2-9-10
営業時間＝9:00〜20:00
定休日＝月曜
電話＝042-383-7400

その日につくったものを直接売る「朝生菓子」の販売スタイルを守り続ける和菓子屋さん。豆大福は二代目、小林毅成(たかなり)さんの自信作。「伝統の技を継承しつつ改良を加えた納得の一品です」。店内には一服できる場所があり、買い物がてら利用する人も多い。

立川伊勢屋本店 　立川

住所＝立川市高松町3-17-1
営業時間＝9:00〜18:00
電話＝042-522-3793
＊1月1〜3日は休み

元WBA世界スーパーウェルター級王者、輪島功一さんが引退後に修業して開いたお店。もっちり歯ごたえのある串だんごはボリュームがあって食べごたえ充分。「ファイト最中」は頑張っている人へのお土産にぴったり。箱入りもある。

だんごの輪島本店 　国分寺

住所＝国分寺市本町4-1-11
営業時間＝9:00〜18:00
定休日＝月曜、火曜
電話＝042-323-1611

添加物を使わない昔ながらの和菓子屋さん。季節の花を表現した上生菓子は、店主の尾田さんが散策しながら見つけた街の風景がモチーフ。栗むし羊羹や弾力のある生地が自慢の柏餅など創業以来変わらぬ味をつくり続けている。

松なみ 　武蔵小金井　東小金井

住所＝小金井市中町3-12-26
営業時間＝10:00〜18:30
定休日＝木曜
電話＝042-387-1588

店主の横井さんが珈琲豆の焙煎を始めたのはいまからおよそ30年前。感動的な珈琲に出会ったことがきっかけだった。「銘柄や値段ではなく、自分の舌の感じ方でどんな豆が好みか判断して」と横井さん。店内では焙煎の傍ら、タイプの異なるブレンド珈琲を提供。飲み比べてみて、自分の好みを見つけてほしいという。豆を挽く際のコツやお湯の落とし方など、質問にも気さくに応じてくれる。「あまり難しく考えないで。誰でもおいしく淹れられるように、責任もってお豆を焼いていますから」

店主の長沼慎吾さんが自ら焙煎した豆を、おいしいと思う抽出法で提供している。エスプレッソマシンからペーパードリップ、サイフォン、プレス、ウォータードリップと淹れ方は多岐に渡る。五感をフル稼働させながら一杯の珈琲を淹れる所作は美しく、豆を愛おしみ、よさを最大限引き出そうという気持ちが伝わってくる。古道具やオブジェに囲まれた店内は静寂そのもの。扉の向こうとは異なる時が刻まれている。

まほろば珈琲店 [三鷹]

住所=三鷹市下連雀4-16-14
営業時間(豆売り)=11:00～20:00
定休日=日曜
電話=0422-45-5140

ねじまき雲[陽] [国分寺]

住所=国分寺市東元町2-18-16吉野ビル104
営業時間=14:00～21:30(L.O.)　定休日=水曜、木曜
http://nejimakigumo.bitter.jp

「生きるために必要な場所」という意味が込められたLife Size Cribeは、エスプレッソを得意とする珈琲スタンド。「エスプレッソは苦い」という概念が一変する、後味の爽やかさが特徴だ。壁沿いに設けられたベンチはお客さん同士の距離を縮め、バリスタ・吉田一毅さんも交えての会話がごく自然に生まれている。「この場所を暮らしの拠点に加えてもらえたらうれしい」と吉田さん。直接ミルクを注いで描くラテアートは、吉田さんならではの技。その精度の高さに感嘆するばかりだ。

店主の井上直也さんは、学生時代に過ごした街で一軒の自家焙煎珈琲店に巡り合った。その後、自分で豆を焼きたいと思うようになり、国分寺に店を構えたという。店内には常時約20種類の生豆が置かれている。「お好みに応じて、ローストの強さをお選びください」と井上さん。鮮度を生み出す焙煎作業には全神経を集中。豆の声を聞き、香りを確かめる姿は真剣そのものだ。

Life Size Cribe 国分寺
（ライフサイズクライブ）

住所＝国分寺市本町3-5-5アリガトービル105
営業時間＝【月〜金】8:00〜21:00（金曜は23:00まで）、
【土、日、祝】11:00〜21:00
定休日＝火曜
電話＝090-9150-9111
https://www.facebook.com/lifesizecribe

イノウエコーヒーエンジニアリング 国分寺

住所＝国分寺市南町2-16-14不老門ビル1F
営業時間＝11:00〜19:00(L.O.)
定休日＝水曜、日曜
電話＝042-325-8886

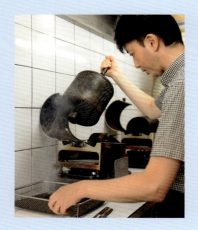

鮮度のいい珈琲豆を提供したいと考える三木裕介さんは改良したサンプル用の小型焙煎機を使って焼き上げる。「パンチのある味に仕上がるんです」と三木さん。豆がはじける音と香りが広がり、焼き上がりを待つのも楽しい。

国立コーヒーロースター 国立

住所＝国立市北1-5-15アパルト国立1F
営業時間＝11:00〜19:00
定休日＝月曜、第2・第5火曜
電話＝042-572-8787
http://kunicoro.exblog.jp

横森珈琲では半熱風式の焙煎機で焼き上げたオリジナルブレンドを販売。店内には座り心地のいい椅子が並び、フォカッチャのサンドイッチやスコーンなど軽食とともに珈琲が楽しめる。

横森珈琲 三鷹

住所＝三鷹市下連雀4-16-3-1F
営業時間＝9:00〜20:00
定休日＝不定休　電話＝0422-48-0078
http://www.yokomori-coffee.com
＊現在は姉妹店モリスケ(p73)とひとつになり、「morisuke」として営業中です

18ヵ国の生産地から取り寄せた約30種類の珈琲豆が並ぶ。「6つの焙煎段階で好みの味をお探しします」と焙煎士の菅原由衣さん。ゆとりあるカフェスペースは、多世代が集う憩いの場になっている。

珈琲や 東小金井工房 東小金井

住所＝小金井市梶野町5-10-58
コミュニティステーション東小金井内
営業時間＝9:00〜19:00
定休日＝水曜日
電話＝042-316-1346
http://coffeeya.co.jp

有機栽培珈琲とフェアトレード珈琲専門の自家焙煎店。「珈琲好きが高じて1992年から焙煎を始めました」と店主の山内智晴さん。インド・ダージリンの有機栽培紅茶も扱い、珈琲ともども全国の飲食店で愛用されている。

珈琲焙煎店 ろばや 国分寺

住所＝国分寺市本多1-6-5
営業時間＝10:30〜18:30
定休日＝日曜、月曜　電話＝042-321-6190
http://www.robaya.com

"自分でつくる"がテーマのお店。「紅茶の茶葉を中心に、使いやすい生活道具を置いています」と店主の田邊勝一さん。紅茶の淹れ方はHPやチラシで詳しく説明。スコーンは田邊さんの手づくりで、自らつくる楽しさを体現している。

葉々屋（ようようや） 国立

住所＝国立市東1-16-22
営業時間＝11:00～18:00(金・土は19:00まで)
定休日＝水曜、木曜　電話＝042-575-1488
http://www.yoyoya.com

日本名門酒会加盟店でもある同店は日本酒の文化を伝える酒販店。「国産ワインも含めて、日本で育まれたものづくりを応援しています」と店主の圓谷宏さん。年2回開催する試飲会は毎回大盛況。良酒を積極的に紹介している。

つぶらや 西国立

住所＝国立市西1-6-11
営業時間＝10:30～20:30
定休日＝日曜、第3月曜
電話＝042-522-5329
http://www.tsuburaya-1611.co.jp

普段使いからヴィンテージまで、400種類以上のワインを取り扱っている。「自分の誕生年のワインを母の日にプレゼントする娘さんもいるんですよ」と店長の下江昌代さん。知識が豊富な下江さんの助言は的確で頼りになる。

Une Perle 国立
（ユンヌ・ペルル）

住所＝国分寺市光町1-45-12
営業時間＝12:00～20:00(日曜・祝日は19:00まで)
定休日＝火曜、水曜　電話＝042-540-0401
http://une-perle.cocolog-nifty.com

「僕が飲んでおいしいと思う日本酒を仕入れています」と店主の清水克広さん。氷温冷蔵の専用貯蔵庫には試飲用の日本酒が約15種類あり、味を飲み比べるお客さんの姿も。「自分好みの味をぜひ見つけてください」

なべや清水商店 恋ケ窪

住所＝国分寺市戸倉1-23-8
営業時間＝9:00～20:30
電話＝042-321-2623
＊不定休

街にでかける - #3 くつろぎの時を提供する店　　081

ハモニカ横丁ミタカ　三鷹

住所＝武蔵野市中町1-5-8親和ビル1階
http://hamoyoko.com/harmonicayokochomitaka.html
＊各店の営業時間など詳細はHP参照

吉祥寺のハモニカ横丁再生の立役者、手塚一郎さんが"近未来型横丁"をめざしてオープン。焼鳥のてっちゃんや、直送野菜販売のらなど、飲食店と物販店が混在するフロアには人と人の距離が近い横丁らしい空気が流れている。

息子の渡邉剛さんが料理、父親の五郎さんがホールを担当する親子経営の居酒屋。注文を受けてから切る・焼く・蒸す・煮ると調理を始めるため、料理が出てくるのに時間はかかるが、「包丁を入れた途端に野菜も魚も鮮度が落ちるから」と剛さんは譲らない。蔵元を訪ねて仕入れる日本酒は、料理を引き立たせる逸品ぞろい。「ちょっとオマケね」と、一升瓶をくいっと傾ける五郎さんの心遣いがうれしい。時折飛び出すダジャレに応戦しながら、小金井の楽しい夜は更けてゆく。

旬彩 ShoppoRi　武蔵小金井
（しょっぽり）

住所＝小金井市本町5-17-3
みどりやビル1F
営業時間＝17:00〜24:00
定休日＝日曜
電話＝042-384-1145

新鮮なネタが自慢の炭火串焼きの店。オリジナル串をはじめ、もつ煮込みや馬刺といった一品料理も充実。焼き場が目の前にあるカウンターは特等席。焼き上がりを待ちながら、隣り合わせた人とお喋りに興じるのもいい。

鳥芳　西国分寺

住所＝国分寺市泉町3-37-25
営業時間＝16:30〜22:30(L.O.)
定休日＝日曜、祝日
電話＝042-323-9956

ジャンルにとらわれない料理を手頃な価格で提供するニチニチは、いろんな料理を少しずつ楽しめるのが魅力。「気軽に来てもらえる店をめざしています」と店主の星野健二さん。変わらぬ味と店の佇まいに惹かれ、足繁く通うファンは多い。

ニチニチ　国立

住所＝国立市東1-6-1
営業時間＝17:30〜24:00
定休日＝月曜
電話＝042-575-8222

イタリアン中心の地中海料理が評判のSAPOは、酒のアテになる単品料理の種類が多く、価格も手頃。ベースとなる洋風出汁はさまざまな野菜と昆布でとり、体に負担が少ない料理を心がけている。店内には4卓のテーブルと、オープンキッチンを囲むようにカウンターが配置され、スタッフとの会話を楽しみながら食事する人が多い。「女性お1人でも気軽に入れるお店です」と店主の田口直之さん。「魚や野菜を中心とした、毎日食べても飽きない料理をご堪能ください」

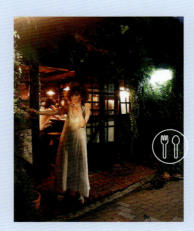

1975年、文化発信の拠点だった京都ほんやら洞の2号店として誕生。2年後に現オーナー、シンガーソングライター中山ラビさんに託され、長い年月をかけラビ色に染められていった。「この空間が好きなだけなの」。店に佇むラビさんはそっとささやく。

SAPO　国分寺

住所＝国分寺市南町2-11-28
営業時間＝17:30〜23:00(L.O.)
定休日＝月曜
電話＝042-323-4519

ほんやら洞　国分寺
国分寺店

住所＝国分寺市南町2-18-3
営業時間＝12:00〜25:00
電話＝042-323-4400

街にでかける - #3 くつろぎの時を提供する店　083

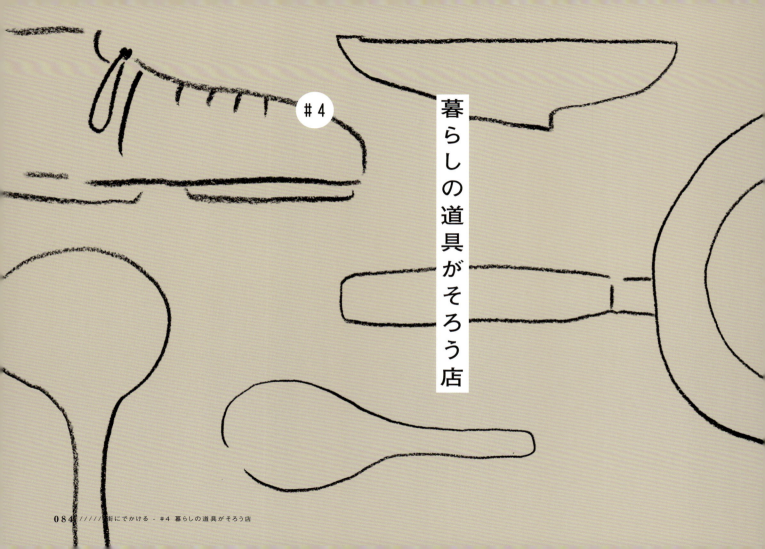

#4 暮らしの道具がそろう店

ものの背景には人がいます。
自分でつくり、自分で説明する人。
つくり手に代わって、思いを伝える人。
時を経たものに命を吹き込み、よみがえらせる人。
そして、自分でつくる楽しさを伝える人。
ものづくりに関わる人たちの声が聞こえてきます。

キッチンを設えた空間に、店主の高橋千恵さんが日本の各地を訪ねて集めた生活道具や民芸品、郷土玩具などが並んでいる。器は窯元の量産品から作家ものまで幅広い。有名どころではなく、あまり知られていないものが中心だ。「自分のやり方で、どこのお店にもないものを探して紹介したい」と高橋さん。お客さんとほどよい距離をとりつつ、丁寧に淹れたお茶でもてなすのも高橋流。さりげない心遣いに触れながら、高橋さんの話に耳を傾けていると、いつしか緊張がとけていく。

黄色い鳥器店 国立
住所＝国立市北1-12-2 2F
営業時間＝12:00〜19:00
定休日＝月曜、火曜
電話＝042-537-8502
http://www.kiiroi-tori.com

150坪の空間にテーブル、椅子、ソファ、ベッドなどがゆったりと配置され、コーナー分けされた棚には普段使いの生活道具が並ぶ。スタンダードな調理器具から赤ちゃん用の食器まで、充実の品揃えだ。「子育て世代が多い土地柄なので、30代でも手が届く良質なものをセレクトしています」と店主の横田千里さん。併設のカフェでは、ショップで取り扱う家具が使われているので、食事をしながら使い心地を試すことができる。

デイリーズ 　三鷹
住所＝三鷹市下連雀4-15-33 三鷹プラザ2F
営業時間＝11:00〜22:00
＊カフェのラストオーダーは21:15
年中無休(年末年始をのぞく)
電話＝0422-40-6766
http://www.dailies.tokyo.jp

国立市在住の家具デザイナー小泉誠さんが、生活と仕事の拠点である国立に、自身のデザインを伝える場として開いたお店。アイテムは器、調理器具、文具、照明、家具など幅広い。素材も木、漆、磁器、竹、鉄と多岐に渡り、日本のさまざまな地域や人と深く関わりながらデザインしていることが伝わってくる。

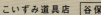

こいずみ道具店 　谷保　国立
住所＝国立市富士見台2-2-31　営業時間＝15:00〜18:00
電話＝042-574-1464　＊不定休
http://www.koizumi-studio.jp/?douguten

街にでかける - #4 暮らしの道具がそろう店 ////// **087**

デザインから制作まですべて前田充さんが1人で手がけた木工品が並ぶ。アイテムはスプーンや皿といった小物から家具まで幅広い。「普段の暮らしのなかで、あったらいいなと思うものをつくっています」と接客を担当する前田由美さん。持ちやすいように設計された「お米の1合カップ」や、座り心地がいいように座面を加工した椅子など、使い勝手を考えたデザインが特徴だ。すべて天然の植物性オイル仕上げなので安心して使え、木の表情も楽しめる。

「暮らしのなかで実際に使ってみていいなと思ったものを販売しています」と店主の坂本眞紀さん。住居を兼ねた建物は、店舗スペースと食事の間がつながった昔ながらの商店を思わせるつくり。設計したのは建築家のご主人、寺林省二さんだ。台所には使い込まれた調理器具や食器が並び、新品ではわからない経年変化が見て取れる。時折、店内では箸や竹籠などをつくるワークショップを開催。道具の成り立ちを理解したり、普段の暮らし方を見つめ直す場にもなっている。

ki-to-te 直売所 　国立

住所=国分寺市西町5-20-6
問合せ先=miseban.kitote@gmail.com
http://www.ki-to-te.com
http://kitote326.exblog.jp
＊直売所のオープン日は変則的なのでHPやブログで確認を
＊国立駅北口バス1番のりば「弁天通り折り返し場」または「玉川上水駅南口」行きに乗車し「弁天通り北」で下車。徒歩3分

musubi くらしのどうぐの店　谷保

住所=国立市富士見台1-8-37
営業時間=11:00〜17:30
定休日=日、月、火
電話=042-575-0084
http://www.musubiwork.jp

広々とした空間にダイニングテーブル、椅子、キャビネット、デスク、ベッドなどさまざまな家具が配置されている。すべてメープルを素材につくられたSERVEのオリジナルだ。手触りが滑らかなメープルは強度に優れ、家具材に適しているという。「使い続けるうちに艶が出て、飴色に変わっていきます」とスタッフの佐久間さん。店内には制作から10年以上経過したテーブルが置いてあるので、経年変化をイメージすることができる。

自然栽培綿のカーテンやタオルなどの布小物、メキシコの伝統的な手織りラグ、ネパールの手漉き紙など、人の手で丁寧につくられたものが店内に並ぶ。店主の吉川サツキさんはインテリアコーディネーターの資格を持ち、模様替えや改装など空間づくりの相談にも応じてくれる。「自然素材が持つ美しさに触れて、その心地よさを感じてもらいたい」と吉川さん。「靴下やマフラーなど日常的に使うものもあるので、気軽にお立寄りください」

SERVE 小金井公園本店　東小金井

住所＝小金井市関野町1-7-2-1F
営業時間＝11:00～18:00
定休日＝火曜(祝日の場合は営業)
電話＝042-380-8320
http://www.serve.co.jp
東小金井駅北口より、cocoバス北東部循環に乗車し、「小金井公園入口」で下車。橋を渡ってすぐ

たとぱに　国立

住所＝国立市北2-6-2
営業時間＝【火～金】11:00～17:00、【土曜、月の最後の日曜】11:00～18:00
定休日＝日、月、祝日
電話＝042-574-2169
http://tatopani.jp

街にでかける - #4 暮らしの道具がそろう店　089

「料理を盛りつけると見映えがする、普段使いの道具を紹介しています」と店主の園部由貴さん。陶芸好きが高じて店を開いた園部さんは愛おしそうに器を眺めながら説明する。「器がひとつ加わるだけで暮らしに変化が生まれますよ」

H.works 立川
住所＝立川市錦町1-5-6
サンパークビル202
営業時間＝11:00〜18:30
定休日＝月曜、火曜
電話＝042-521-2721
http://www.h-works04.com

その土地の植物を使い、伝統的な技法でつくられる籠には国や地域の暮らしが反映されていて興味深い。「いろんな使い方ができるのが籠のいいところ」と店主の伊藤さん。使うほどに味が出て変化が楽しめるのは、天然素材ならではだ。

世界のかご カゴアミドリ 国立
住所＝国立市中1-15-6 菅野ビル2F
営業時間＝11:00〜17:00
＊木、金、土、日営業
電話＝042-507-9087
http://kagoami.com

作家がつくるガラス作品を中心に、版画、バッグ、帽子など生活まわりのものを販売。「需要に合わせていたら幅が広がりました」と店主の井口純子さん。店内にはギャラリーが併設され、プロアマ問わず発表の場として活用されている。

ゆりの木 国立
住所＝国立市東1-15-20
営業時間＝【ショップ】10:30〜19:00（水曜は15:30まで）、【ギャラリー】11:00〜19:00
電話＝042-573-6663
http://glass-yurinoki.com

個人作家を中心とした器と古道具のお店。「長く使える食器を中心に紹介しています」と店主の小田島千晶さん。食べることもお酒を飲むことも大好きな小田島さんが選んだお皿や片口、酒器に使いたくなる器がセンスよく並んでいる。

GARAGE（ガレージ） 国立
住所＝国立市北2-33-56
営業時間＝11:00〜18:00
定休日＝月曜
電話＝090-8497-3378

レットエムインとは「中に入れてあげようよ」という意味。「国や年代に関係なく、普遍的な魅力があるものを取り入れようという思いが込められています」と店主の原尊之さん。店内にはモダンな椅子、テーブル、照明器具、食器類など、いまの暮らしに使えるものが所狭しと並ぶ。随所にユニークなオブジェが飾られているのが、原さんらしいところ。すべて国内で仕入れたものだという。「国籍不明のものも含め、ありとあらゆる道具が集まる日本の古物市場には毎回新しい出会いがある。そこにおもしろさを感じています」

古道具 レットエムイン 国立

住所=国立市北2-13-48ワコーレ国立101
営業時間=12:00～18:30
定休日=月曜、火曜
電話=042-577-3452
http://www.letemin.jp

街にでかける - #4 暮らしの道具がそろう店 ///// 091

国内外のアンティーク家具をはじめ、つくられた年代や場所もさまざまな古家具、古道具の買い取りと販売を行っている。「部屋に置いてみたいと思えるものを仕入れています」と店主の今井岳史さん。家具職人だった今井さんはその経験を活かし、店の一角で修理やメンテナンスを行い、巡り巡ってやってきた家具と日々向き合う。「良い材料を使って手間をかけてつくられたものは、手を加えると再び使えるようになる。そこに魅力を感じますね」

古道具や普段使いの日用雑貨を販売する一方、メーカーを問わず家具の修理にも対応する心強いお店。「販売用の椅子を直していたら、お客さんから修理を依頼されるようになったんです」と店長の宮崎匠さん。併設されたカフェのテーブルや椅子は、そんなふうに手を加えて甦らせたもの。時間と手をかけ、日々使われることで新品にはない味わいが生まれていく。

アンティークス・エデュコ 　東小金井
住所＝小金井市関野町1-4-6 デミールハイツ1F
営業時間＝12:00〜19:00　＊土、日、祝は11:00から営業（不定休あり）
電話＝042-401-2374　　http://antiques-educo.com
＊東小金井駅北口より、cocoバス北東部循環に乗車し、「関野橋」で下車。徒歩2分

小古道具店 四歩 　三鷹
住所＝三鷹市下連雀3-32-15 1F
営業時間＝12:00〜21:30
＊カフェのラストオーダーは21:00
定休日＝木曜　電話＝0422-26-7414

092　/////　街にでかける - #4 暮らしの道具がそろう店

東小金井駅の
高架下散策

東小金井駅を拠点に街を回遊するなら、シェアサイクル Suicle（*註1）を利用すると便利。駅近くのポートで自転車を借り、行動範囲を広げましょう。サイクリングを楽しんだ後は、ポートの隣りにあるデイリーズカフェヒガコでひと休み。高架下に沿って東へ進むと、はけのおいしい朝市（*註2）のメンバーでもあるつくり手5組の工房兼ショップ「atelier tempo」が入居するコミュニティステーション東小金井が見えてきます。

＊註1「Suicle」…
ポート先は現在3カ所（東小金井駅、武蔵境駅、東京農工大学科学博物館前）。どこのポートでも自転車のレンタル・返却ができる。http://suicle.jp

＊註2「はけのおいしい朝市」…
小金井市内で月1回開催される朝市。
http://hakeichi.net

開放感のある空間が魅力のデイリーズカフェヒガコは、地元の人が集まる地域密着型カフェ。駅に向かう通り沿いにあり、勤め帰りや散歩の途中にふらりと立寄る人が多い。「地域の人の声に応えて、テラス席も設けました」と店長の浅野茂雄さん。ショップスペースでは食器、魔法瓶、珈琲サーバー、まな板といった日用品を販売。デイリーズ（87p）や小古道具店 四歩（92p）と連携しながら、つねに新鮮で多彩な商品を紹介している。

デイリーズカフェ　東小金井
ヒガコ

住所＝小金井市緑町1-1-28
営業時間＝11:00～22:00
＊カフェのラストオーダーは21:15
電話＝042-316-5286
不定休

街にでかける - #4 暮らしの道具がそろう店　093

小屋を思わせる店構えが目を引くヤマコヤは、イラストとデザインの仕事をするやまさき薫さんのアトリエ。自身の作品を販売する一方、施設内のイベントスペースを使ったものづくりワークショップも行っている。シルクスクリーン手刷りを体験して完成させるTシャツや、身近な素材を使って工作する缶バッチなど、日々の暮らしに取り込めるものづくりが中心だ。「買えば簡単に手に入るけれど、自分でつくった方が断然楽しい。そんな"つくる目線"が生まれる場所にしていきたいです」

ヤマコヤ　東小金井

住所＝小金井市梶野町5-10-58
コミュニティステーション東小金井atelier tempo内
営業時間＝11:00〜19:00
定休日＝水曜
電話＝042-316-3972
http://www.yamasakikaoru.com

中丸貴幸さん、美砂さん夫妻が手づくりするcoupéの靴は、やさしい丸みのあるつま先が特徴。「食事にもおやつにもなるコッペパンのように、幅広いシーンで履ける靴をめざしています」と美砂さん。靴は店頭販売ではなくすべて受注生産。サンプルで履き心地を試し、靴のデザインや革の色を選ぶセミオーダー式だ。完成までに多少時間はかかるけれど、履き込むほどに足に馴染み、自分色に変わっていくcoupéの靴を見るたび、「待った甲斐があったなあ」としみじみ思う。

coupé（コッペ）　東小金井

住所＝小金井市梶野町5-10-58
コミュニティステーション東小金井
atelier tempo内
営業時間＝11:00〜19:00
定休日＝水曜
電話＝042-316-3972
http://coupe-shoes.com

革職人の沢藤勉さんと加奈子さん夫妻が切り盛りするsafujiは、手縫いのプロセスを取り入れた、機能的でデザイン性に優れたものづくりが特徴。「不具合を感じた点を解消したい。そんな思いで制作しています」と勉さん。手のひらサイズの「キー付ミニ財布」はお札、小銭、カードが納まるコンパクトな財布。手軽で使いやすいセカンド財布がほしいという、勉さんの思いから生まれた商品だ。「革製品は使い手が育てて完成します。使うほどに味わいが増す様をお楽しみください」

safuji　東小金井

住所＝小金井市梶野町5-10-58
コミュニティステーション東小金井
atelier tempo内
営業時間＝11:00〜19:00
定休日＝水曜
電話＝042-316-3972
http://safuji.com

犬と楽しく暮らすモノやコトを提案するお店。店内には安心材料でつくられたペットフードやおやつ、食器、ベッド、キャリーバッグなど愛犬グッズを中心とした商品がいっぱい。オリジナルグッズのひとつ、safuji（95p）と共同開発したカラーとリードはイタリアンレザーに手縫いのステッチを施した品格漂う一品。「ぜひ、わんちゃんといっしょにお越しください」と店主の池田功さん。店内と外空間を活用したイベントも仲間とともに積極的に開催している。

dogdeco HOME　東小金井
犬と暮らす家

住所＝小金井市梶野町5-10-58
コミュニティステーション東小金井
atelier tempo内
営業時間＝11:00〜19:00
定休日＝水曜
電話＝042-401-1866
http://www.dogdeco.co.jp

街にでかける - #4 暮らしの道具がそろう店　095

ひるちず

昼下がりに訪ねたい、街のスポットを紹介します。

江戸東京たてもの園

都立小金井公園

都立武蔵野中央公園

近所に直売所が点在

アンティークス・エデュコ
⇨92p

都立玉川上水緑道

武蔵小金井　東小金井　武蔵境　三鷹

中央線

大福ください

和菓子処ならは
農工大通り店
⇨74p

新小金井

都立武蔵野公園

食事もできるよ

小古道具店
四歩
⇨92p

都立野川公園

野川公園が目の前

Oeuf
⇨46p

多磨

都立武蔵野の森公園

ひるちず ////// 097

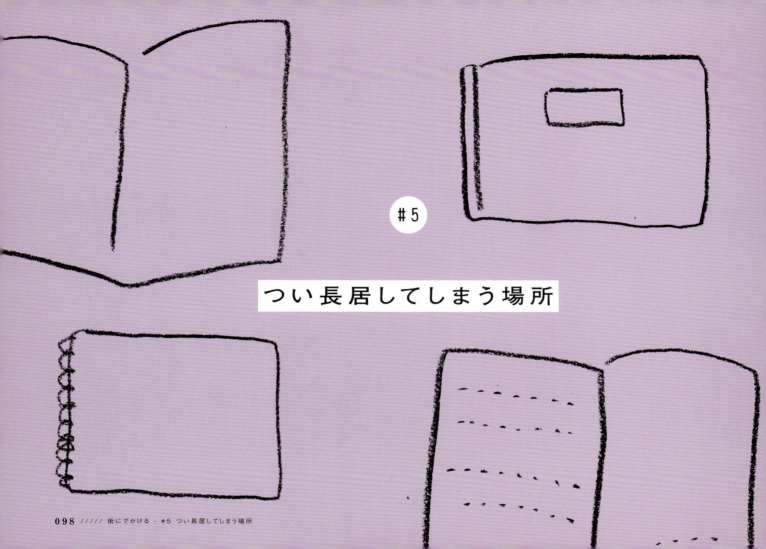

♯5
つい長居してしまう場所

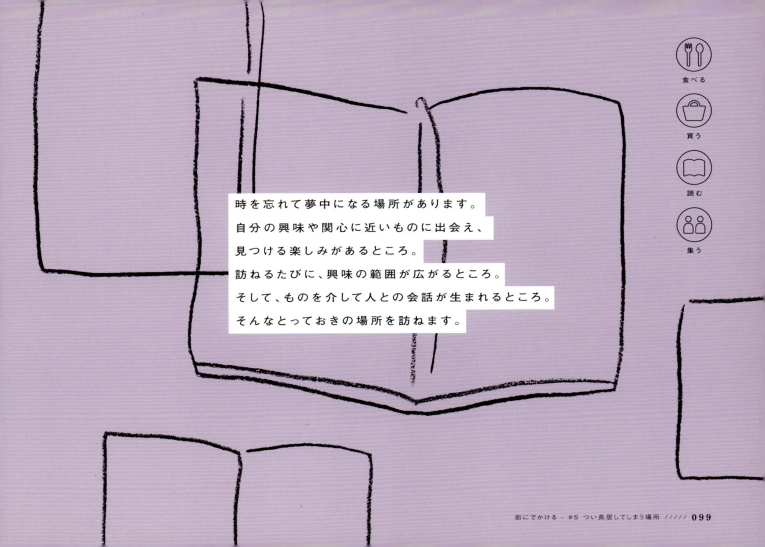

時を忘れて夢中になる場所があります。
自分の興味や関心に近いものに出会え、
見つける楽しみがあるところ。
訪ねるたびに、興味の範囲が広がるところ。
そして、ものを介して人との会話が生まれるところ。
そんなとっておきの場所を訪ねます。

名作から学習漫画まで約38,000冊の収蔵数を誇る、漫画好きには天国のような場所。新刊雑誌や絵本コーナーもあり、休日には親子連れで楽しむ姿が多い。入館料さえ払えば、時間の制限なく過ごせるのも人気の秘密。カフェが設置されているので、食事の心配は無用と至れり尽くせりだ。

同施設の最大の魅力は、多様な空間で構成されているところ。畳敷きの床、押入れや二段ベッドを思わせる半個室スペース、階段状の小上がり…。おしゃべりや飲食もOK。うたた寝したってとがめられない。まるで家で過ごすように、みんな思い思いの格好でくつろいでいる。

立川まんがぱーく 立川

住所＝立川市錦町3-2-26
開館時間＝10:00〜19:00 ＊土、日、祝は20:00まで
入館料＝大人(15歳以上)400円、子ども(小・中学生)200円
＊未就学児童は無料(大人同伴のこと)
電話＝042-529-8682 http://mangapark.jp
＊入館は閉館1時間前まで。小学生のみの利用は18:00まで

三鷹駅北口の住宅街にある古本屋さん。扱うジャンルは暮らし、漫画、絵本、小説、アートと幅広い。ほとんどが地元の人から買い取った本だ。「敷居の低い街の古本屋をめざしています」と店主の今野真さん。一方で棚をよく見ると、詩や短歌の本がとくに充実している。「書店での扱いが縮小傾向にある風潮に異を唱えたい」と今野さん。「詩は読めば読むほど奥が深い。水中書店の棚をきっかけに、みなさんの興味が広がるといいなと思います」

国立という街を意識し、芸術、児童、文芸の分野にとくに力を入れている本屋さん。児童書の近くにはソファや椅子が置かれ、親子そろって絵本を楽しむ姿が見られる。「本以外に、スタンダードな文具や話題の雑貨も紹介しています」と店長の小宮健太郎さん。併設されたカフェには入手困難なアウトレットが並ぶ本棚があり、市場ではお目にかかれない本とめぐり合う場にもなっている。

古本 水中書店　三鷹

住所＝武蔵野市中町1-23-14-102
営業時間＝12:00〜22:00
定休日＝火曜
電話＝0422-27-7783
http://suichushoten.com

PAPER WALL nonowa 国立店　国立

住所＝国立市北1-14-1
営業時間＝【ブックストア】10:00〜22:00、【カフェ】7:00〜22:00
＊いずれも土、日、祝は21:00まで
電話＝042-843-0261
http://www.paperwall.jp

店主の小林さんが生まれた1960年代から多感な時期を過ごした80年代前後の古本が中心。ひときわ目を引くのが少女漫画系の棚だ。「"古かわいい本"を選んでいます」と小林さん。店内ではイベントも開催。人が集い交流する場にもなっている。

古書 まどそら堂 国分寺
住所＝国分寺市南町2-18-3
国分寺マンションB1F
営業時間＝13:00〜19:00
定休日＝木曜
電話＝042-312-2079

「文芸、芸術、子どもといったジャンルを中心に本の周辺にあるものも含めて提案しています」と店長の芦葉盛晴さん。ごはんがテーマの本の隣に器が置いてあるなど随所に楽しい演出がなされ、眺めているだけで興味がそそられる。

ORION PAPYRUS 立川
（オリオンパピルス）
住所＝立川市柴崎町3-2-1
グランデュオ立川6F
営業時間＝10:00〜21:00
電話＝042-548-1711
http://www.orionpapyrus.jp

「需要に合わせて偏りなく本をそろえるという、創業時の考えを守り継ぐのが僕らの仕事」と店長の篠田宏昭さん。子育て世代の声に応え、良質でスタンダードな児童書コーナーを地階に整備。いまでは親子3代で通う常連も多い。

増田書店 国立
住所＝国立市中1-9-1
営業時間＝9:00〜20:00
＊日、祝は10:00からオープン
電話＝042-572-0262

店名には「お客さんの好奇心（＝はてな）に応える」という思いが込められている。「ご希望の本があれば仕入れの際に探します」と店主の伊東健太さん。ネット販売を通じたお客さんとのつながりがあるので、安心して本を託すこともできる。

ふるほん はてな倶楽部 武蔵小金井
住所＝小金井市貫井北町3-31-20
営業時間＝10:00〜21:00
定休日＝月曜　電話＝042-315-6791
https://www.kosho.or.jp/abouts/?id=12032620

「ほんとまち編集室」のメンバーが企画運営する国立本店は本と人が行き交う街の居場所。40に区分けされた棚には、生まれ育ちや職業の異なる約40人の選書が並び、持ち主それぞれの思考が伝わってくる。「本」「街」「編集」「デザイン」をテーマにしたイベントも随時開催。

国立本店　国立

住所＝国立市中1-7-62
営業時間＝13:00〜18:00　定休日＝月、木
http://kunitachihonten.info

電車での移動中に立寄りたくなるエキナカの本屋さん。本棚に囲まれた店内はコンパクトな書斎のよう。「ゆっくり本をお選びください」と店長の高野さん。店舗前に置かれたワゴンでは、文具や雑貨などを販売している。

BOOKS ORION
nonowa 西国分寺店　西国分寺

住所＝国分寺市西恋ケ窪2-1-18
nonowa西国分寺駅2F
営業時間＝9:00〜22:30
＊土、日、祝は21:00まで
電話＝042-312-2561

ストーリーテラーでもある三田村慶春さんが主宰する絵本と児童書の専門店。「子どもの月齢にふさわしい本を選んで提案しています」と三田村さん。店内ではお話会や音の葉Home Concert（120p）を定期的に開催している。

絵本とおはなしの店
おばあさんの知恵袋　国分寺

住所＝国分寺市南町2-18-3
国分寺マンションB1F
営業時間＝10:00〜21:00
電話＝042-324-2708

杉田萌さんが主宰するイベント出店とネット販売がメインの古本屋さん。絵本からアート本までジャンルは幅広い。毎月第3日曜日、ニチニチ（83p）で開催されるニチニチ日曜市にほぼ毎回出店。お酒とごはんくうふく（60p）の一角には専用の本棚が常設され、購入が可能だ。

古本泡山

問合せ先＝mail@furuhonawayama.com
http://furuhon-awayama.ocnk.net

昭和の頃、店で扱っていた文具のデッドストックを発見した三代目の中村研一さんがその価値を見いだし、魅力を伝えるために古文具を扱うお店としてリニューアル。昭和を知る者には懐かしく、平成生まれには目新しい文具が並んでいる。「生産年は古いけど、すべて新品なんですよ」と研一さん。味わいのある紙を束ねたらくがき帳など、ストックを活かした文具製作にも積極的に取り組んでいる。

中村文具店 　武蔵小金井

住所＝小金井市中町4-3-17
営業時間＝12:00〜18:00
電話＝042-381-2230
http://www.nakamura-bungu.com
＊土日のみ営業。不定休あり

篠原夫妻が「街に開かれた暮らし方をしたい」との思いから始めた持ち寄り図書室。本に対する思いが綴られた「本籍証」や借りた人がコメントする「旅の記録」が本に貼られていて、人の手に渡るたび本に痕跡が残るよう工夫されている。

西国図書室 　西国分寺

住所＝国分寺市日吉町1-40-46
開室時間＝13:00〜17:00　＊日曜のみオープン。訪ねる際は本を1冊持参のこと
https://www.facebook.com/nishikokutosho

図書館機能をはじめ生涯学習・市民活動・青少年活動の支援機能を併せ持つ武蔵野市の複合機能施設。幅広い世代が利用できるように工夫された空間構成と、午後10時までの開館が魅力。

武蔵野プレイス 　武蔵境

住所＝武蔵野市境南町2-3-18
開館時間＝9:30〜22:00
休館日＝水曜、毎月第3金曜、年末年始、図書特別整理日（第3金曜のある週の水曜と、祝日と重なる水曜は開館し、翌日が休館になる）
http://www.musashino.or.jp/place.html

「地域に焦点を当てたものもあれば社会問題を取り上げたものもあり内容はさまざま。海外発行のフリーペーパーもあります」と店主の松江健介さん。完成度が高いものも多く、デジタルにはない紙の魅力に改めて気づかされる。

ONLY FREE PAPER ヒガコプレイス店　東小金井

住所＝小金井市梶野町5-10-58
コミュニティステーション東小金井内
営業時間＝11:00〜19:00
定休日＝水曜
http://www.onlyfreepaper.com

スタンダードな文具を定番に、つくり手の思いが伝わるストーリー性のある文具が所狭しと並ぶ。「懐かしい文具」「医療系文具」といったカテゴリー別のレイアウトが絶妙で、立ち止まって見入る人も多い。子どもから年配まで共感できる、幅広い商品構成が魅力だ。「近所の方が楽しめるお店をめざしています」と店主の請川麻美さん。豊富な品揃えと手頃な価格で、選ぶ楽しさが存分に味わえる。

大正時代の建物と庭を活用し、絵本の展示やお話会などを行っている。畳の間では親子でのんびり絵本を楽しむ姿も。ボランティアによるクラフト体験などの催しも随時開催。

三鷹市星と森と絵本の家　武蔵境

住所＝三鷹市大沢2-21-3
開館時間＝10:00〜17:00
休館日＝火曜、年末年始
＊メンテナンス休館あり
電話＝0422-39-3401
http://www.city.mitaka.tokyo.jp/ehon
＊武蔵境駅南口3番のりば「狛江駅北口」行きに乗車し、「天文台裏」もしくは「天文台前」下車

山田文具店　三鷹

住所＝三鷹市下連雀3-38-4
三鷹産業プラザ1F
営業時間＝11:00〜19:00
＊土、日、祝は20:00まで
電話＝0422-38-8689
http://yamadastationery.jp
＊不定休(HP参照)

105

店主の小林治さんが考案し、市内の業者に製作を依頼した「ペンシルロケットクリップ」は、国分寺が宇宙開発発祥の地であることを伝えるためにつくったオリジナル。「国分寺のお宝を後世に伝えたい」と小林さん。「これからも街を盛り上げていきます」

山水堂 国分寺

住所＝国分寺市南町3-23-3
営業時間＝10:00〜19:00
定休日＝日曜、祝日
電話＝042-324-1221

往来の激しい交差点に佇む店構えは、ひときわ目を引く存在。店主の原田竜一さんがこつこつとつくりあげた空間に、衣類や器が整然と並んでいる。オリジナルのカットソーは、店を運営しながら縫製技術を身につけた原田さん自らが仕上げたものだ。「どんな色を混ぜても柔らかくなる白色のように、個性を活かせるものづくりをしたい」。"家でくつろぐときに着るような、普通でいいもの"。それが服づくりのテーマだという。

店主はデザインディレクターの萩原修さん。2005年、母親が営んでいた店を引き継ぎ、大人が寄り道したくなる場所をめざしてリニューアルオープンした。オリジナル文具の販売をはじめ、文具やデザインについて考えたり情報交換する場も設けている。

つくし文具店 国立

住所＝国分寺市西町2-21-7
営業時間＝12:00〜17:00
定休日＝火曜
電話＝042-537-7123
http://www.tsu-ku-shi.net

シロ. 国分寺

住所＝国分寺市南町2-10-15
営業時間＝12:00〜20:00
定休日＝木曜
http://www.siro-life.com

よるちず

一日の締めくくりに訪ねたい街のスポットを紹介します。

江戸東京たてもの園

都立小金井公園

UDON STAND GOZ
⇨59p

都立武蔵野中央公園

ちょいと一杯

都立玉川上水緑道

武蔵小金井　東小金井　武蔵境　三鷹

中央線

ただいま！

波浮港
⇨30p

新小金井

都立武蔵野公園

夜10時まで開いてるよ

武蔵野プレイス
⇨104p

都立野川公園

国立天文台三鷹
⇨21p

観望会あり（申込制）

多磨　都立武蔵野の森公園

よるちず ////// **127**

「オーダーメイドの楽しさを知ってほしいとの思いから、テーラーを始めました」と店長の吉田務さん。スーツの縫製グレードを3段階用意し、初心者からこだわり派まで柔軟に対応。シャツ、ネクタイ、コート、靴などのアイテムもオーダーでき、トータルでコーディネートできるのが魅力だ。「ご本人はもちろん、第三者が見ても格好いいと思えるスーツをお仕立てします」

アメリカントラディショナルをベースに、質の高い品揃えで人気のセレクトショップ。アンティーク家具に囲まれた店内には洋服を選ぶ人に混じって、カウンターでくつろぐ人の姿も。スタッフの深代哲夫さんは気さくに珈琲をすすめる。自宅に迎え入れるような接し方は、1982年の創業以来変わらない。

吉田スーツ 　国分寺

住所＝国分寺市南町3-11-2
営業時間＝12:00〜19:00(10:00〜12:00、19:00〜21:00は完全予約制)
定休日＝月曜、火曜
電話＝042-323-8383
http://www.yoshida-suit.com/yoshida.htm

国立クリーツ 　国立

住所＝国立市東1-6-18 金井ビル2F　営業時間＝10:30〜19:30
定休日＝水曜　電話＝042-576-5636
http://www.cleats.co.jp

切り花や鉢物の販売に加え、ウェディングやスタンドのオーダーにも対応。フラワーレッスンでは季節感のある素材を使ってアレンジメントを指導。年末恒例の正月用アレンジメントレッスンは人気が高い。

HANAGRA 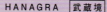 武蔵境

住所＝武蔵野市境1-10-13
フレグランス武蔵野1F
営業時間＝10:00〜19:00
電話＝0422-52-4810
http://blog.shop.hanagra.com

土にこだわり、天然の生薬を使って自分の力で育つバラを育成するバラ苗専門店。バラ選びのポイントや季節ごとの管理の仕方など、バラの育て方を伝えるイベントや講座も随時開催している。

ひかりフラワー 国立

住所＝国分寺市光町3-2-1
営業時間＝【4〜6月】10:00〜18:00、【9〜3月】10:00〜17:00
定休日＝月曜（祝日の場合は翌火曜が休み）
電話＝042-572-2839
http://www.hikarirose.com
＊4、5月は無休。7、8月は夏季休業

オリーブの苗木をはじめ、鉢花、花苗、園芸資材などを販売。「"平和"が花言葉のオリーブは育てやすいので贈りものにも最適です」と店主の尾路さん。新築や引越しのお祝いに、オリーブがメインの寄せ鉢を贈るのもいい。

オリーブ・ガーデン 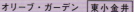 東小金井

住所＝小金井市梶野町1-3-22
営業時間＝10:00〜19:00
定休日＝月曜
電話＝0422-54-8701

はけのおいしい朝市に出店するお花屋さん。センスよくまとめられた花束は毎回人気の的だ。「見慣れた花でも目新しい色合いのものを仕入れています」と店主の森このみさん。花束や鉢植えのオーダーや庭のデザイン・施工にも応じる。

Flowers & Plants PETAL.

電話＝090-6115-5482
http://shoppetal.exblog.jp
http://www.hakeichi.net
＊スプンフル（69p）とオリーブ・ガーデン（108p）に毎週水曜日出店

帆前掛専門店。「知恵と技が詰まった日本伝統の仕事着を広めたい」と店主の西村和弘さん。オーダーは一枚から可能。本物の前掛けの美しさに魅了される人は多く、海外でも人気が高い。

前掛屋エニシング 武蔵小金井
住所＝小金井市中町1-7-29
営業時間＝13:00～18:00
電話＝042-401-6982
http://www.anything.ne.jp
＊土曜のみ営業。平日は事前予約制

都内でも数少ない風船専門店。注文に応じて制作するバルーンギフトは人気が高い。「お花屋さんを訪ねる感覚でお立ち寄りください」と店主の波多野典子さん。店舗ディスプレイなどの相談にも応じる。

バルーンショップ 武蔵小金井
コズミック
住所＝小金井市本町1-3-1
営業時間＝10:00～18:00
電話＝042-388-6990
http://www.cosmic-balloon.com
＊不定休（現場設営のため、閉店することもあり）

2階の工房でデザイン・製作した革製品を1階の店舗で販売。アイテムはバッグ、名刺入れ、スマートフォンケース、財布など幅広い。製作者自身が接客し、手入れ方法を丁寧に説明してくれるので安心だ。オーダーメイドにも応じる。

きくわん舎 武蔵境
住所＝武蔵野市境南町3-7-8
営業時間＝10:00～19:00
定休日＝日曜、祝日
電話＝0422-32-4626
http://www.kikuwansha.co.jp

木のおもちゃやゲーム、蜜蝋クレヨンなどが所狭しと並ぶ。「よく考えてつくられたおもちゃには感心します」と店主の小池泰子さん。お香をセットするとパイプから煙をくゆらせる「煙だし人形」など大人も夢中になるものがいっぱい。

Bremen 国立
住所＝国立市北1-6-1小泉ビル1F
営業時間＝10:00～19:00
定休日＝水曜、第2・第4木曜
電話＝042-505-7042
http://bremen-kunitachi.com

五感が刺激される場所

#6

街にでかけて、絵画、工芸、音楽、アートに触れる。
身だしなみを整えたり、心身をケアする時間をつくる。
自分に向き合い、ものに向き合い、他者との対話を重ねていく。
外から刺激を受けることで新たな視点が生まれ、
ほんとうの豊かな暮らしがはじまります。

買う

読む

集う

感じる

整える

街にでかける - #6 五感が刺激される場所 ///// 113

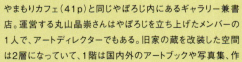

やまもりカフェ（41p）と同じやぼろじ内にあるギャラリー兼書店。運営する丸山晶崇さんはやぼろじを立ち上げたメンバーの1人で、アートディレクターでもある。旧家の蔵を改装した空間は2層になっていて、1階は国内外のアートブックや写真集、作家のセルフパブリッシングなど、丸山さんがセレクトしたレアな本が並ぶ。2階のギャラリーでは毎月企画展を開催。展示と連動したワークショップやトークショーは敷地内の庭や母屋も活用して行われ、毎回多世代が集い、学び合う場になっている。

circle
gallery & books　谷保

住所＝国立市谷保5119 やぼろじ内
営業時間＝12:00〜19:00
定休日＝火、水、木
電話＝042-505-8019
http://circle-d.me/gallery

114　////// 街にでかける - #6 五感が刺激される場所

古道具 レットエムイン(91p)の原さんが運営する、場所貸しメインのギャラリー。展覧会や音楽ライブ、併設のキッチンを使った料理イベントなど内容は多岐に渡る。什器は展示やイベントに合わせて、レットエムインで扱う古道具を使って演出(一部を除いて購入可能)。実際に使い心地が試せるとあって、店の常連客にも好評だ。「お店同様、オープンな場所です。ぜひいろんな使い方を試してください」

room103 国立

住所＝国立市北2-13-48
ワコーレ国立103
問合せ＝042-577-3452
(古道具レットエムイン)
http://room103.letemin.jp

2階に住みながらの改装に3年。オープン後も、空間には少しずつ手が加えられている。年季の入った床材や扉は、かつて暮らした平屋の一部だ。「ここは、自分たちがやってみたいことを試す実験場」。そう語るのは、同ギャラリーを運営する造形作家の関田孝将さんとカメラマンの小沢利佳さん。各地からつくり手を招くたび、発表者にふさわしい空間が生まれ、様子は一変する。創意あふれる2人の実験は始まったばかりだ。

Lamapacos(ラマパコス) 谷保

住所＝国立市富士見台1-14-2
北島貸店舗4号室
問合せ＝info@lamapacos.net
http://lamapacos.net
＊イベント時のみ営業。詳細はHPで確認を

街にでかける - #6 五感が刺激される場所 ////// 115

保坂和男さんが主宰する建築設計事務所兼ギャラリー。古道具を再生させた照明器具や陶芸作品、古布をリメイクした洋服など、保坂夫妻の作品を展示販売している。旅先で集めた世界各国の工芸品も飾られていて、見どころ満載だ。国分寺モリタテ会（註1）の代表を務める保坂さんは、地元目線の情報を盛り込んだお散歩マップ「ぶらぶらマップ」の制作メンバー。散策途中に立寄れば、おすすめルートをおしえてくれるはずだ。

ギャラリー ウノヴィック 国分寺

住所＝国分寺市東元町3-5-13
電話＝042-323-8204
現場に出て不在のこともあるので、訪ねる際には電話で確認を

註1「国分寺モリタテ会」…ワークショップを通じて得た市民の声と、実際に街を巡り歩いて発見した情報をもとに、約1年ほどかけて「ぶらぶらマップ」を制作している
http://buraburamap.com/about.html

NPO法人アートフルアクションが運営するギャラリー。「コマーシャルギャラリーとは違って、ここは実験的な場所。つねに新しいものを生み出す場になるよう心がけています」とスタッフの宮下美穂さん。表現方法は作家によって異なり、音楽ライブやパフォーマンスが行われることも多い。レンタルスペースとしての利用も可能で、近隣の学生が表現の場として利用する姿もある。

小金井アートスポット
シャトー 2F ギャラリー 武蔵小金井

住所＝小金井市本町6-5-3 シャトー小金井2F
電話＝050-3627-9531
http://chateau2f.com

代表の兒嶋俊郎さんは洋画家兒嶋善三郎氏の孫にあたる。2014年、生まれ育った国分寺に活動拠点を移し、同ギャラリーをオープンさせた。日本の近現代美術作品のほか、藍染めやアイヌの織物など日本の伝統的な工芸品を取り扱っている。「場が持つオーラと藤森建築（註1）が融合した気持ちいい空間です」と俊郎さん。閑静な住宅街のなかにあり、近隣の人が普段着で訪ねる姿も見られる。年に1〜2回、アンティークや多種多彩な工芸作家の作品を一堂に集めたマルシェ「野見の市」を開催。「さまざまな人がここを訪れ、それぞれ何かを見つける。そんなエネルギーが生まれる場にしていきたいですね」

丘の上APT｜ 国分寺
兒嶋画廊

住所＝国分寺市泉町1-5-16
開館時間＝12:00〜18:00
休館日＝月曜、祝日
電話＝0422-207-7918
http://gallery-kojima.jp/g

＊註1「藤森建築」…丘の上APTを設計したのは国分寺市在住の建築史家藤森照信さん。隣接する兒嶋邸も藤森さんの設計で必見の新名所

街にでかける - #6 五感が刺激される場所 ////// 117

ヨガ、太極拳、ダンス、コアトレーニングなどさまざまなクラスがあるSTUDIO凜。なかでもヨガはマタニティ、産後、親子クラスと幅広い。指導するのは矢澤由利子さん、柚香さん親子を中心とした経験豊富な講師陣だ。レギュラークラスでは補助のロープを使って体を前方へ伸ばすポーズをとり、柚香さんが生徒ひとりひとりに合わせてロープを調整。レッスンを終えた生徒に感想を求めると、「ここのヨガは苦痛がない」とのこと。「続ければ、きっと先生のように美しくなれます！」

スプンフル（69p）からほど近い一般住宅で行われる月1回のヨガレッスン。講師のドイサチコさんは、加圧パーソナルトレーナーの経験を活かし、心と身体の両面をケアする。「参加する人が抱える痛みを把握したうえで、当日のプログラムを決めています」とサチコさん。身体のどこに効くのか、その理由はなぜかを事細かに説明してくれるので、「納得できる」「日常に活かせる」と好評だ。

STUDIO 凜　矢川

住所＝国立市富士見台3-4-1
問合せ＝042-575-3833
電話受付時間＝10:00～22:00（月～土）
http://studiorin.studio-web.net
＊クラス開講中は電話にでられない場合あり
＊年末年始と夏期、それぞれ一週間程度休み

studioM（月イチヨガ）　武蔵小金井

開催日＝毎月第1土曜　＊8月は休み
電話＝090-5244-4720（ドイサチコ）
E-mail＝sunmoonshanti@gmail.com
http://ameblo.jp/ganesha471012

118　////// 街にでかける - #6 五感が刺激される場所

美容師の石田ゆうじさんと、着付けとメイクを担当するゆかりさん夫妻が切り盛りする住宅街のなかの一軒家美容室。「人が集い、つながりが生まれる場所にしたい」との思いから、施術する場所の隣にカフェスペースを設置。普段使いの椅子やソファ、テーブルが置かれた空間は、まるでリビングダイニングのよう。親子で訪れてのんびり時間を過ごしたり、地域の人たちが集まって会話を楽しんだり、外と内をつなぐ縁側のような場になっている。

受付から施術まで、すべて店主のながお光太郎さんが対応するマンツーマンスタイルの貸し切りヘアサロン。4階の一室という立地なので、外からの視線を気にすることなくリラックスして過ごせる。完全予約制だから、ほかのお客さんが訪ねてくることもない。自分だけの時間と空間が用意された、なんとも贅沢な美容室だ。「古道具が好き。植物も、器も大好き」。店内は、そんな光太郎さんが見立てたもので整えられている。

Hair+Cafe 縁　国立

住所＝国分寺市日吉町2-28-1
営業時間＝9:00〜18:00
定休日＝日曜、月曜
電話＝042-505-5814
https://haircafeen.wordpress.com

Hair works ぱいんゆ　国立

住所＝国立市中1-9-18 NTC高橋ビル4F
営業時間＝9:30〜20:00(完全予約制)
定休日＝水曜
電話＝042-577-4422
http://www.painyu.com

大野智嗣さんが主宰する完全予約制の写真スタジオ。日本中を旅しながら写真を撮り歩き、やがて「消費されるのではなく、人の手に残る写真を撮る」という現在のスタイルに行き着いた。スタジオ撮影にこだわらず、依頼者の好きな場所で撮る記念写真がメインだ。「要望があれば、写真教室やカメラをつくるワークショップも行います」と大野さん。フィルムを基本に、内容に応じて指導してくれる。

フォトスタジオ ソラ 三鷹
住所＝三鷹市下連雀9-4-10 B棟508号
問合せ＝info@studiosora.com
http://studiosora.com
＊三鷹駅南口バス2番のりばのバス（大成高校経由）に乗車し「大成高校前」下車。徒歩5分

自宅を開放し、気軽に楽しめるクラシックのライブコンサートを定期的に開催。0歳児から参加できるプログラムもある。「お喋りしながら、お茶を飲みながら楽しんで」と代表のながはらゆうこさん。演奏家の息づかいが聞こえるほどの近距離で聴く音楽は臨場感たっぷり。演奏するだけでなく、曲のエピソードなども語られ、演奏家と訪れた人たちの間で会話が始まる。それは音の葉Home Concertならではの光景だ。

音の葉 Home Concert 西国分寺
http://otonoha-concert.com
＊ライブコンサートのスケジュールはHP参照
＊クルミドコーヒー（45p）や、絵本とおはなしの店おばあさんの知恵袋（103p）でもライブコンサートを行っている。出張ライブコンサートにも対応

築170年を超える古民家を再生した和のいえ櫻井では、平日は母屋で高齢者向けのデイサービスを、土曜・日曜・祝日はスペース貸しを行っている。写真のように蔵と庭をうまく使えば、大勢の人が集まる結婚披露パーティも存分に楽しめ、印象に残る一日になりそう。

建物の修復を手がけた建築家の山田哲矢さんは、和のいえ櫻井の運営者でもある。「さまざまな人が交流する開かれた場をめざしています」と山田さん。「和のいえ櫻井は地域の財産。これからも多くの人に知ってもらって、どんどん活用してもらいたいですね」

和のいえ 櫻井 | 武蔵境 |

住所＝西東京市新町5-3-5
電話＝050-1585-5863
http://yamada-ya.net

江戸東京たてもの園

吉野家と白梅

歴史的・文化的価値の高い復元建造物が建ち並ぶ江戸東京たてもの園や、南北に点在する緑豊かな公園は、自然に恵まれたこのエリアの財産。たっぷり時間をかけて訪ねるのがおすすめです。

下町中通りの街並み

約7ヘクタールの敷地を誇る江戸東京たてもの園は「西」「センター」「東」の3つにゾーン分けされ、住宅、商家、銭湯、交番、旅館など30棟の復元建造物が並ぶ。すべて都内に所在した江戸時代から昭和初期までの建物で、現地保存不可能な建造物が移築・復元されている。さまざまな建築様式の住宅を復元した西ゾーンには茅葺き屋根の民家があり、中では囲炉裏に薪をくべるボランティア・スタッフの姿がある。園内のあちこちで当時の暮らしが再現され、来園者はあるときは住人、あるときは店を訪ねた客のような感覚で、当時の生活を体感していく。単なる建物見学で終わらないところが同園のおもしろさだ。趣きの異なる建物には、それぞれの住み手の足跡が残され、室内に置かれた生活道具からは、いないはずの人の動きが浮かび上がる。建物とはなんと不思議な空間だろう。時代が反映された建物に、日々の営みがしっかりと映し出されている。

江戸東京たてもの園

開園時間＝【4～9月】9:30～17:30、【10～3月】9:30～16:30　＊入園は閉園時刻の30分前まで
休園日＝月曜（月曜が祝日または振替休日の場合はその翌日）、年末年始
住所＝小金井市桜町3-7-1（都立小金井公園内）　電話＝042-388-3300
入園料＝一般400円　http://www.tatemonoen.jp

吉野家の囲炉裏

下町中通りのホーロー看板

都立小金井公園

玉川上水沿いに位置する面積約80ヘクタールの広大な公園。広々とした草地や雑木林、桜の園などで構成され、SL（C57）展示場やドッグラン（登録制）といった施設も充実。園内に隣接して江戸東京たてもの園（122p）もある。

住所＝小金井市関野町1-13-1
http://www.tokyo-park.or.jp/park/format/index050.html

都立武蔵野の森公園

調布飛行場が一望できる公園。園内は北エリアと南エリアに分かれ、中心に位置する飛行場に沿って細長い散策路（開放時間9:30～16:30）が続いている。「展望の丘」にのぼると飛行機が滑走路に滑り込む様子がよく見える。

住所＝府中市朝日町3-5-12
http://www.tokyo-park.or.jp/park/format/index058.html

都立武蔵野公園

雑木林とはらっぱ、子どもたちに人気のくじら山がある気持ちのいい公園。園内には雑木林や苗木を育てる苗圃があり、樹々が育つ様子を観察することもできる。バーベキュー広場あり（当日サービスセンターに届け出ること）。

住所＝府中市多磨町2-24-1
http://musashinoparks.com/kouen/musasino

都立玉川上水緑道

杉並区の浅間橋から福生市の平和橋までを結ぶ約24kmの玉川上水沿いの緑道。春は桜、初夏は新緑、秋は紅葉と異なる表情を見せ、一年を通じて散策を楽しむ人の姿が見られる。国木田独歩碑や小平水衛所など史跡も多い。

住所＝三鷹市大沢6-4-1（野川公園サービスセンター）
http://musashinoparks.com/kouen/tamagawa

都立野川公園

国際基督教大学のゴルフ場だった土地を造成し、昭和55年に開園。芝生広場は起伏があり、当時の面影が残る。園内にある自然観察園には国分寺崖線からの湧き水が流れ、一年を通じて野鳥や希少な野草、昆虫などが見られる。

住所＝三鷹市大沢6-4-1
http://musashinoparks.com/kouen/nogawa

都立武蔵国分寺公園

国分寺崖線から続く豊かな森と1周500mの円形芝生広場、花壇、池、噴水などがバランスよく配置されている。園内南側にある「野鳥の森」を通り抜け、西元南東口から石段を下りると真姿の池やお鷹の道に通じる。

住所＝国分寺市泉町2-1-1
http://musashinoparks.com/kouen/musasikoku

都立武蔵野中央公園

軍需工場として使われていた土地を整備し、平成元年、はらっぱとスポーツ広場を中心とした公園に生まれ変わった。模型飛行機を飛ばしたり凧あげをしたり、体を動かして遊ぶ人が多い。園内には健康遊具コーナーもある。

住所＝武蔵野市八幡町2-4-22
http://musashinoparks.com/kouen/musasinochu

国営昭和記念公園

昭和天皇御在位50年記念事業の一環として国が設置した国営公園。園内は「森」「広場」「水」「展示施設」「みどりの文化」のゾーンに分かれ、エリアごとにさまざまな施設や遊具があり、四季折々の花が楽しめる。

住所＝立川市緑町3173
http://www.showakinen-koen.jp

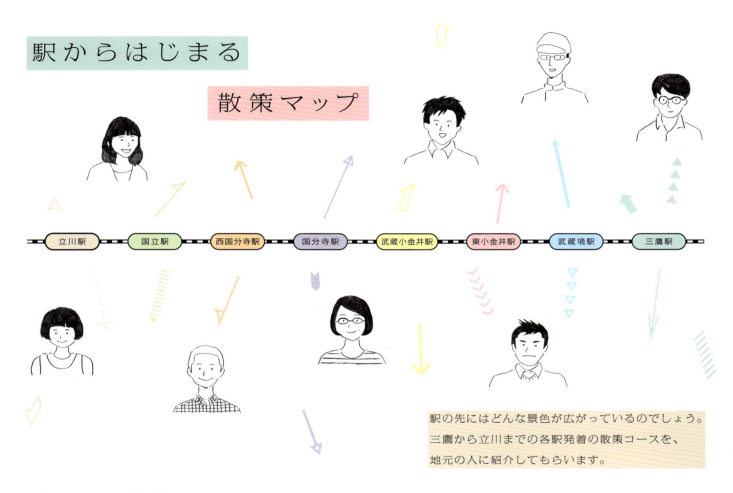

太宰治のこころに触れる

No. 01
古本 水中書店
店主 今野 真さん
＊古本水中書店は101p掲載

南口を出て、まずCORALにある啓文堂書店三鷹店へ。非常に素晴らしい品揃えで、文学好きを唸らせる名店です。散策のお供を1冊購入したらリトルスターレストラン（53p）へ。雰囲気抜群のお店で、極私的にはここは三鷹の中心。店内には閲覧可能な本もたくさん並んでいます。お腹がいっぱいになったところでお散歩です。東からぐるりと回り込み、玉川上水沿いを駅方面に向かいます。ここは地域の方々のお散歩コースで、季節の草花を眺める愉しみがあります。北口へ抜け、三鷹通り沿いのビル2階にあるテオレマカフェ（71p）に立寄ってマフィンと珈琲で小休止。ここもオーナー夫妻は本好きで、店内にはおもしろい本がたくさん。どうやら三鷹は本好きの店主が多いようです。最後は太宰治のお気に入りでもあった三鷹跨線橋へ。夕暮れ時には夕日がとてもきれいに見えますよ。

駅からはじまる散策マップ ////// 129

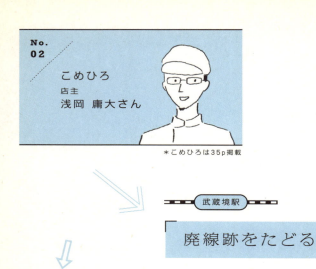

No. 02

こめひろ
店主
浅岡 庸大さん

＊こめひろは35p掲載

武蔵境駅

廃線跡をたどる

北口を出て本村第2公園へ向かいます。かつて武蔵境駅から専用鉄道が敷設されていた名残なのか、ゆるやかなカーブを描く道が特徴的。遊具に混じって恐竜が佇んでいるのもユニークです。北上して、静けさが漂う本村公園へ。コナラの大木がアーチをつくっていて、夏でも涼しくて気持ちがいい。玉川上水沿いを進むと、桜橋の脇に国木田独歩の文学碑があり、代表作『武蔵野』の一文が刻まれています。うど橋からは五日市街道方面へ進み、高橋家の長屋門へ。金具を使わない木組みの工法でつくられているそうで、目を引く建物です。門をくぐると畑が広がり、傍らでとれたての野菜や花が販売されているので、お土産におすすめ。最後は独歩通りにある「くつろ樹」でエネルギーチャージ。お肉屋さんだったご夫妻が開いたお店で、牛肉のタタキや豚ヒレカツなど、おいしくてボリュームのある肉料理が楽しめます。

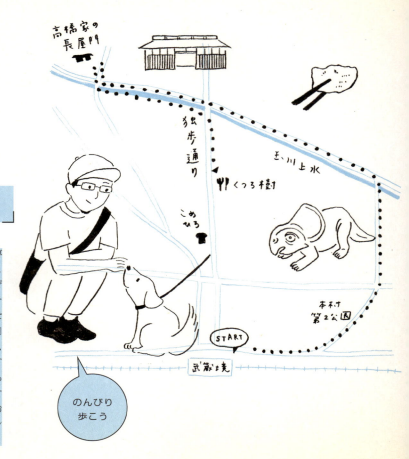

130 ////// 駅からはじまる散策マップ

No. 03

タウンキッチン
代表
北池 智一郎さん

東小金井駅

Suicle を使って足を伸ばす

まず、東小金井駅のSuicleポート先で自転車を借り、隣接する大通りを南下して栗山公園へ。ここは遊具がたくさんあり、バーベキューもできるので人気があります（事前予約制）。近くにある新小金井駅周辺の商店街は、昭和の雰囲気が残る心和むスポット。ならは（74p）の新小金井店、にぎりたてのおむすびが評判の「握飯屋」など名店がそろいます。さあ、ここからは絶好のサイクリングコースです。緑あふれる野川公園を走り抜け、そのまま南下して武蔵野の森公園へ。空が広がり、調布飛行場が目の前に見えるという最高のロケーションです。じつは、調布飛行場からは伊豆の島々へ定期便が飛んでいるんです。今すぐにでも遠出したくなりますが、自転車の返却は忘れずに。そうそう、東小金井駅周辺には「珍々亭」「一平ソバ」「宝華」など油そば専門店が複数あるので、自転車を返却がてら、ヒガコの味をぜひご堪能ください。

駅からはじまる散策マップ ////// 131

No. 04

エニシング
代表
西村和弘さん

＊前掛屋エニシングは109p掲載

武蔵小金井駅

エネルギー湧き立つ心の浄化スポット

南口を出て、まず訪ねたいのが中村文具店（104p）。全国から文具マニアがやってくる人気のレトロ文具店で、店主の中村さんが1人でこつこつ改装した店内には、おだやかな空気が流れています。坂を下ると、隠れパワースポット「はけの森緑地2」に出ます（休園日に注意）。緑の芝生を踏みしめて歩くと、元気が湧いてきます。東方向へ進んで、はけの森美術館へ。敷地内の森に佇むオープン・ミトンカフェ～はけの森～は、シュークリームと珈琲が絶品。裏手にある湧き水が湧いている池も必見です。僕はこの池を見て、都内から小金井への移住を決断しました。前掛屋エニシング（109p）はここからすぐ。基本、電話予約制ですが、開いていたらぜひ気軽に中を見ていってくださいね。帰りはカワセミやカモなどの野鳥が飛来する、野川沿いを散策するのがおすすめ。西へ歩けば、国分寺方面にも行けます。

132 ////// 駅からはじまる散策マップ

No. 05

国分寺モリタテ会
多田純子さん

国分寺駅

自然（水と緑）・暮らし・文化を感じる

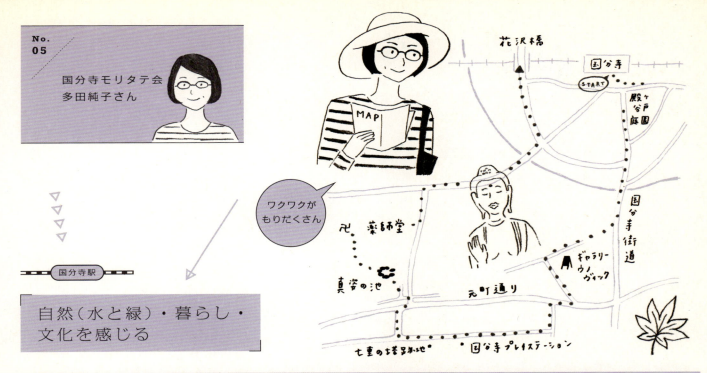

ワクワクがもりだくさん

まず南口から徒歩3分の旧岩崎邸別邸、殿ヶ谷戸庭園へ。国分寺崖線の高低差を利用した回遊式庭園で、四季折々に武蔵野らしい樹林や山野草が楽しめます。一番のおすすめは紅葉の季節。茶室からの眺めは最高です。ギャラリーウノヴィック（116p）を目印に南下すると、プレイリーダーが常駐する冒険遊び場、国分寺プレイステーションが現れます。ここは大人も子どもに戻れる場所。ひみつ基地遊びが存分に楽しめるのが魅力です。その先にある七重の塔跡は国の指定史跡。礎石のまん中になぜかイチョウの木が生えはじめ、いまや根っこが礎石を破壊しそうな勢い。過剰に守られていないところに、なんだか好感が持てます。元町用水（清水川）沿いに整備された遊歩道、お鷹の道をのんびり歩き、霊験あらかたな池として大事にされている真姿の池をめぐって薬師堂へ。仁王門の両サイドに日光菩薩、月光菩薩の見事な木彫り像が鎮座しているので、格子の隙間からじっくり見てみましょう。最後は撮り鉄の人気スポット、花沢橋へ。橋の上からは国分寺駅と、JR中央線・西武国分寺線の線路が見渡せます。

駅からはじまる散策マップ ////// 133

No. 06

西国図書室
室長
篠原靖弘さん

＊西国図書室は104p掲載

西国分寺駅

境界の街を歩く
府中・国立・国分寺

まず南口から徒歩3分、金属と革の工房兼ショップ「Klang&ひろべかばん」へ。こだわりの店に並ぶこだわりの商品は見応えがあります。大通りをまっすぐ進むと、やがて樹々に囲まれた切り通しの道、伝鎌倉街道に出ます。小高い緑地に登ると視界が広がり、遠くスカイツリーがよく見える。お腹がすいたら、「ぐるめらん」へ。僕はここへ来ると、よく日替わりランチを注文します（ハンバーグも美味！）。さらに西へ進むと、国分寺市と国立市の境目、たまらん坂に出ます。ここは忌野清志郎ファンの聖地。いまもお参りに訪れる人をよく見かけます。坂を下りないで北上し、ナイトウ果樹園へ。ブルーベリーやブドウなどの摘み取りが楽しめるほか、園内ではとれたての野菜も販売。東京とは思えないのんびりした空気が流れています。最後は、線路沿いから少し南へ下ったところにある「Lacuna」（ラクナ）に立寄り、バリスタが淹れる本格的な珈琲で一服。手づくりクッキーの甘さが疲れを癒してくれます。

No. 07

国立情報WEBマガジン
くにたちハッピースポット
編集長
磯貝 久美子さん

くにたちハッピースポット https://happyspot.jp

国立駅

大学通りから広がるハッピースポット

南口からまっすぐ続く大学通りはくにたちアートビエンナーレの彫刻作品が屋外展示され、桜、銀杏、クリスマスイルミネーションとお散歩しながら四季折々の風景が楽しめます。通り沿いのレ・アントルメ国立はドラマのロケ地としても有名な洋菓子店。通りを東に折れてしばらく歩くと、住宅街のただ中に「宇フォーラム美術館」が現れます。ここは国立唯一の私設現代美術館。静寂の時を過ごした後は再び大学通りに戻り、商店街「むっさ21」へ。「Cafeここたの」と地産地消の店「とれたの」は、一橋大学生が商店街と協力しながら営業するお店。その画期的な取り組みは広く知られ、全国から視察団が訪れるほどです。近くには昭和の面影を残すダイヤ街もあり、谷保を守る地域キャラ・やほレンジャーに会えるかも。梅や紫陽花も楽しめる学業の神様、谷保天満宮をお詣りしたら、来た時と反対側の道を歩いて駅に向かいます。一橋大学、増田書店を過ぎ、ブランコ通りから富士見通りへ。運が良ければ夕映えの富士山が見られるかも。

駅からはじまる散策マップ ////// 135

No.
08

シンボパン

店主
シンボユカさん

＊シンボパンは34p掲載

立川駅

「モノレールを使った空中散歩」

南口から5分ほど歩くと、錦第二公園（通称：オニ公園）があります。大好きな場所なんだけど私の家は北側にあり、子どもの頃は線路を越えるのが遠かった。近くのピンク色のビルには「H.works」（90p）のほかに飲食店も複数入っているので食事が楽しめます。ちょっと遠いけど、新奥多摩街道沿いにある「ふじみ食堂」もおすすめ。創業50年を超える老舗で、味も店の雰囲気も抜群。和洋中と幅広い料理を提供しています。北上すると諏訪神社があり、毎年8月末に行われる夏祭りでは奉納相撲が行われたり、獅子舞や神輿もかっこいい。モノレールに乗って空中散歩を楽しみつつ、「gallery SEPTIMA」（セプチマ）へ。一軒家ギャラリーで、いつも素晴らしい展示やイベントを行っている素敵な場所です。玉川上水沿いにある古楽の小屋「ロバハウス」は、普段は稽古場兼事務所として使われているので、ユニークな建物だけ見学（時折、ライブやイベントを開催）。どちらもまるで異国を旅しているような気持ちになります。

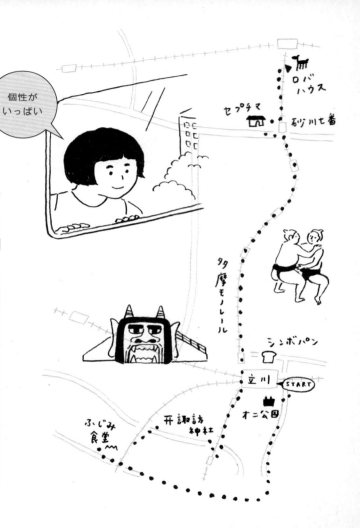

高架下からひろがる

中央線三鷹駅から立川駅間の連続立体交差事業により誕生した高架下空間は約7万㎡。この広大な高架下空間を整備し、地域と連携を図りながらトータルで"住みたい沿線ブランド"を構築するJR中央ラインモール代表、大澤実紀さんに、地域連携の取り組みについてお聞きしました。

2012年11月から2年間発行されたエリアマガジン『ののわ』。毎号楽しみにしている読者は多かった

会社設立から5年。ようやく地域にネットワークができたところだと大澤さんはいう。「地域連携の取り組みは大きく3つあります。1つは商店会や商工会の人たちと立ち上げた地域活性化協議会のネットワーク。2つ目は個人事業家が集まる多摩CB（コミュニティビジネス）ネットワーク。そしてエリアマガジン『ののわ』の活動を通して生まれたののわネットワークです」。"地域のライフスタイルを考える"をテーマに、2012年11月から2年間毎月発行した『ののわ』では、三鷹から立川というエリアに焦点をあてた情報を発信するとともに、地域をいっしょに盛り上げる地域ライターを募集して、ネットワークの拡大につながった。現在、約100名が地域ライターに登録し、ののわウェブサイト[註1]を使って街の魅力を発信している。さらに月に一度、顔を合わせ情報交換する場として「ののわネットワーク会議」を開き、交流を深めているという。「『ののわ』が創刊された当時は、西国分寺駅以外に商業施設がない状態。冊子を通じて、弊社の構想に賛同した人が集まり、ののわネットワークという人的つながりを構築できたことがなによりの財産です」

註1「ののわウェブサイト」…http://www.nonowa.co.jp/areamagazine

Suicle武蔵境駅ポートからまっすぐ西へ伸びる回遊歩行空間「ののみち」。中央線に沿ってつくられた道は直線的で見通しがいい

　2014年11月には、東小金井駅近くの交差部に地域の回遊・交流拠点である「モビリティステーション東小金井」と「コミュニティステーション東小金井」を開業。回遊歩行空間「ののみち」も整備され、駅と駅、駅と街がようやく目にみえる形でつながった。「今後はリアルな場を活用して、地域の人たちといっしょに沿線価値を高めていきたい」と大澤さん。「高架下施設や駅の商業施設なども使って、地域のみなさんといっしょに、街を盛り上げるイベントを仕掛けていきたいですね」（2015年8月7日取材）

コミュニティステーション東小金井では施設内や屋外広場を使ったイベントも開催されている

武蔵野の土、緑、豊かな水を表現したnonowaのロゴマーク。さまざまな「わ」がつながり、心豊かな暮らしを実現したいとの願いが込められている

高架下からひろがる ////// **139**

さくいん　本書6-125pで紹介した街のスポット（市町村別所在地）

武蔵野市

竹内果樹園	9p
ムサシノ野菜食堂miluna-na	29p
マイスタームラカミ	33p
こめひろ	35p
パサージュ ア ニヴォ	36p
ニシクボ食堂	40p
Cafe Sacai	42p
CAFE JI:TA	47p
UDON STAND GOZ	59p
大むら	59p
TEOREMA CAFE	71p
マ・プリエール	72p
petit à petit	73p
ハモニカ横丁ミタカ	82p
古本 水中書店	101p
武蔵野プレイス	104p
HANAGRA	108p
きくわん舎	109p

西東京市

和のいえ櫻井	121p

三鷹市

国立天文台 三鷹	21p
Cafe Hi famiglia	44p
Oeuf	46p
リトルスターレストラン	53p
こいけ菓子店	70p
モリスケ	73p
まほろば珈琲店	78p
横森珈琲	80p
デイリーズ	87p
小古道具店 四歩	92p
三鷹市星と森と絵本の家	105p
山田文具店	105p
フォトスタジオ ソラ	120p

小金井市

浴恩館公園	6p
貫井神社	8p
小金井 江戸の農家みち	12p
東京学芸大学	18p
小金井神社	20p
滄浪泉園	22p
あたらしい日常料理ふじわら	29p
波浮港	30p
黄金や	32p
ケーニッヒ本店	33p
ラトリエ・ドゥ・カンデル・トウキョウ	36p
ファンタジスタ	36p
シャトー2Fカフェ	41p
pirkacafe	44p
note cafe	44p
Maru cafe	46p
ハンバーグレストラン 葦	47p
カフェ マザーズキッチン	47p
パラダイスキッチン・ワイ	47p
珈琲屋台 出茶屋	49p
欧風食堂 ラベルジュリー	50p
カレー・シチュー屋 シーサー	52p
サクラキッチン	53p
喫茶室たきざわ	57p
田舎うどん かもkyu	59p
インド富士	62p
tiny little hideout SPOONFUL	69p
フォレスト・マム	72p
La Boutique TERAKOYA	73p
洋菓子の店 フォンテーヌ	73p
和菓子処ならは 農工大通り店	74p
御菓子司 三陽	75p
松なみ	75p
珈琲や 東小金井工房	80p
旬彩ShoppoRi	82p
SERVE小金井公園本店	89p
アンティークス・エデュコ	92p

デイリーズカフェヒガコ	93p	TRATTORIA Carrera	28p
ヤマコヤ	94p	はこ庭	30p
coupé	94p	めぐるみLabo&Cafe	31p
safuji	95p	清水農園直売所	32p
dogdeco HOME 犬と暮らす家	95p	松本製茶工場	32p
ふるほん はてな倶楽部	102p	こどもパン	35p
中村文具店	104p	ラ ブランジュリ キィニョン本店	36p

ONLY FREE PAPER

ヒガコプレイス店	105p	カフェスロー	42p
オリーブ・ガーデン	108p	史跡の駅 おたカフェ	44p
Flowers & Plants PETAL.	108p	クルミドコーヒー	45p
前掛屋エニシング	109p	デイリーズカフェ西国分寺店	46p
バルーンショップ コズミック	109p	ラヂオキッチン	51p

小金井アートスポット

シャトー2Fギャラリー	116p	うどん&café ライトハウス	58p
studioM（月イチヨガ）	118p	潮	59p
江戸東京たてもの園	122p	お酒とごはん くうふく	60p
		中華料理 オトメ	60p

国分寺市

司メープル	10p	イタリア料理の店 シレーナ	63p
姿見の池	19p	お菓子工房 くろねこ軒	68p
日立製作所 中央研究所	23p	洋菓子舗 茂右衛門	69p
		多根果實店	72p
		だんごの輪島本店	75p

ねじまき雲[陽]	78p
Life Size Cribe	79p
イノウエコーヒーエンジニアリング	79p
珈琲焙煎店 ろばや	80p
Une Perle	81p
なべや清水商店	81p
鳥芳	82p
SAPO	83p
ほんやら洞 国分寺店	83p
ki-to-te直売所	88p
古書 まどそら堂	102p

絵本とおはなしの店
おばあさんの知恵袋	103p

BOOKS ORION
nonowa西国分寺店	103p
古本泡山	103p
西国図書室	104p
山水堂	106p
つくし文具店	106p
シロ.	106p
吉田スーツ	107p

ひかりフラワー	108p		パンとお菓子mimosa	70p		room 103	115p
ギャラリー ウノヴィック	116p		ミルクトップ 富士見台本店	72p		Lamapacos	115p
丘の上APT｜兒嶋画廊	117p		御菓子調進所 一真菴本店	74p		STUDIO 凛	118p
Hair+Cafe 縁	119p		国立コーヒーロースター	80p		Hair works ぱいんゆ	119p
音の葉 Home Concert	120p		葉々屋	81p			
			つぶらや	81p	立川市	デリカテッセン ゼーホフ工房 立川店	33p
国立市 谷保の田んぼ	14p		ニチニチ	83p		シンボパン	34p
くにたち はたけんぼ	16p		黄色い鳥器店	86p		窯焼きパン工房ゼルコバ	37p
くにたち村酒場	31p		こいずみ道具店	87p			
くにたち野菜 しゅんかしゅんか	32p		musubiくらしのどうぐの店	88p		バンコク屋台料理 カオマンガイ立川店	61p
ノイ・フランク本店 ビアレストラン	33p		たたばに	89p		焼き菓子や ひとひとて	71p
やまもりカフェ	41p		ゆりの木	90p		立川伊勢屋本店	75p
circus	43p		世界のかご カゴアミドリ	90p		H.works	90p
きょうや食堂	46p		GARAGE	90p		立川まんがぱーく	100p
たいやきや ゆい	48p		古道具 レットエムイン	91p		ORION PAPYRUS	102p
ロージナ茶房	56p		PAPER WALL nonowa国立店	101p			
old cafe ときの木	57p		増田書店	102p	小平市	カフェ いずん堂	52p
手打そば きょうや	58p		国立本店	103p	公園	＊124-125p掲載
韓国家庭料理 たんぽぽ	61p		国立クリーツ	107p		
ロシアの家庭料理 スメターナ	62p		Bremen	109p	都立小金井公園／都立武蔵野公園／都立武蔵野の森
GRAS	63p		circle gallery & books	114p	公園／都立玉川上水緑道／都立野川公園／都立武蔵野

中央公園／都立武蔵国分寺公園／国営昭和記念公園

あとがき

　本書は、2012年11月から2014年11月までの2年間発行されたエリアマガジン「ののわ」がきっかけで生まれました。「ののわ」の発行元は、中央線の高架下空間を整備・開発する株式会社JR中央ラインモール。駅の商業施設nonowaも同社が運営しています。「ののわ」という地域情報誌をつくることは、地域連携の取り組みのひとつでした。設立時の社長、鈴木幹雄さんのまちづくりにかける熱意は相当なもので、その思いに共感した人たちが集まり、編集チームが結成されました。本書も「ののわ」と同じ編集メンバーが制作しています。

　三鷹から立川エリアの魅力はいったいどこにあるのでしょう。一冊の本にまとめるために、改めて街をめぐり歩いてわかったのは、身近な街であればあるほど、その土地のよさに気づいていないということでした。住み慣れた街でさえ、知らないことが多いのです。たとえば坂を下った途端、目前に現れる広大な緑地と無限の空は、見慣れてしまえば当たり前ですが、都心部では味わえない風景です。自慢できるものは何もないと思っていた街で、丹念なものづくりをする人に出会ったときは、こんなに身近な場所なのになぜ気づかなかったのかと、通り過ぎた日々を悔やみました。

　感覚にまかせて歩いていると、なにかしら発見があります。普段歩き慣れた道を曲がって横丁に入ってみるとか、前方の大木が気になったらとりあえず近くまで行ってみるとか、自身の感覚をたよりに歩いていると、これまで見えなかった街の側面が現れ、新鮮な驚きや出会いへとつながります。そんなふうに街を歩きまわり、アンテナに引っかかった場所を訪ね、その時に感じた思いをまとめたのが本書です。この一冊を手引きに、三鷹から立川エリアのいいところを発見してもらえたらうれしいです。

2015年盛夏
日常を旅する 編集部　萩原百合

日常を旅する
中央線三鷹〜立川エリアを楽しむガイドブック
2015年11月15日　第1刷発行
2016年4月5日　　第2刷発行

日常を旅する編集部 編

企画	萩原 修
編集・執筆	萩原百合
写真	小沢利佳
	加藤アラタ
イラスト	やまさき薫
	ハギワラスミレ（128-137p）
デザイン	宮内賢治
	なかさとゆうみ
協力	株式会社JR中央ラインモール
印刷	藤原印刷株式会社

発行人　小崎 奈央子
発行所　株式会社けやき出版
〒190-0023　東京都立川市柴崎町3-9-6
Tel 042-525-9909
Fax 042-524-7736
http://www.keyaki-s.co.jp

ISBN978-4-87751-552-2
©nichijowotabisuru 2015 Printed in Japan

本書の情報は、2015年9月25日現在のものです。